中华民族人文修养经典故事丛书

中小学德育教育系列读本

忠

敬事无违之道

ZHONG

JINGSHI WUWEI ZHI DAO

故事系列

编著　李彗生
改编　李　帆

人民东方出版传媒
東方出版社

图书在版编目（CIP）数据

忠——敬事无违之道 / 李彗生 编著；李帆 改编． —北京：东方出版社，2019.9
（中华民族人文修养经典故事丛书）
ISBN 978-7-5207-1133-3

Ⅰ．①忠…　Ⅱ．①李…　②李…　Ⅲ．①品德教育－中国－青少年读物
Ⅳ．①D432.62

中国版本图书馆 CIP 数据核字（2019）第 177484 号

忠——敬事无违之道
（ZHONG JINGSHI WUWEI ZHI DAO）

编　　著：李彗生
改　　编：李　帆
责任编辑：孟讲儒　丁　羽
出　　版：东方出版社
发　　行：人民东方出版传媒有限公司
地　　址：北京市朝阳区西坝河北里 51 号
邮　　编：100028
印　　刷：成都紫星印务有限公司
版　　次：2019 年 9 月第 1 版
印　　次：2019 年 9 月第 1 次印刷
开　　本：880 毫米 ×1230 毫米　1/32
印　　张：9.7
字　　数：181 千字
书　　号：ISBN 978-7-5207-1133-3
定　　价：39.00 元
发行电话：(010)85924663　85924644　85924641

“中华民族人文修养经典故事”丛书

前　言

在漫漫五千年的历史进程中，中华民族创造了灿烂的中华文化。中华文化为人类的发展做出了卓越的贡献。以儒学为代表的中华优秀传统文化，源远流长，博大精深，熏陶孕育了一代又一代中华儿女，铸造了中华民族特有的气质和品格，铸就了中华民族独特的心理构成、思维方式和文化传统，成为海内外中华儿女的精神家园，是中华民族共同拥有的灵魂的根。历史告诉我们，能否继承本民族的优秀文化传统，是一个民族能否走向繁荣的重要标志。一个具有“精神脊梁”的民族，才是充满希望的民族！

近百年来，由于社会变革的历史原因，中华优秀传统文化的传承和发展遭受到很大的挫折，当今中国，出现了信念危机！我国改革开放历经四十年，中华民族迈进了伟大的复兴时代。当理智面对国家的繁荣时，却发现传统文化、道德意识在我们中间有些失衡，这不能不引起我们的深思和反省。

大力加强对青少年进行民族优秀传统文化的教育，将传统道德与时代精神相结合，普及中华民族优秀传统文化方面的知识，使其精华得以传承并发扬光大，才是中华民族优秀传统文化长盛不衰的希望所在。今天的中小学生，他们中有不少人或只埋头功课、追求分数，期盼金榜题名；或热捧歌星、影星、球星，而对中华文化做出巨大贡献的孔子、孟子及历代圣贤和传统文化却知之甚少，更缺乏系统的学习。只有大力普及推广优秀传统文化，才能使中华民族的优秀文化在他们的心里扎下根，才能使他们更加热爱自己的民族，热爱自己的祖国，肩负起新时代建设强盛国家、强盛民族的历史重任！

编著者结合现代文化传播的时代特点，推出的 “中华民族人文修养经典丛书” 将以孔子为代表的儒学文化精华之忠、孝、诚、信、礼、义、仁、和、廉、恕、智、行等优秀传统经典故事，把孔子之所以成为万代师表的人生轨迹，用连环画形式表现出来，变“阳春白雪，和者盖寡”为深入浅出，通俗易懂。通过大众普及传播方式，让中华民族优秀传统文化在海内外中华儿女乃至全世界民众中广泛传播，中华民族优秀的传统文化就有了发展的空间、成长的沃土，中华民族优秀传统文化这棵参天大树就能根深叶茂！

编辑出版这些人文修养经典故事，意在弘扬中华民族的优秀传统，“子规夜半犹啼血，不信东风唤不回”。希望本书中的故事，能在中华民族文化的传承中，成为提升国民素质的催化剂，去激发中华民族昂然崛起的生命冲动！

“中华民族人文修养经典故事”丛书

李彗生

2019 年 5 月

内容提要

“忠”，作为儒家乃至中华民族文化中伦理道德的首要内容，历经几千年的发展，其地位历久弥坚。“忠”作为人的道德标准，它带有普遍性，适应于一切人。在儒学中，“忠”引起历代儒家学者的重视。

孔子把“忠”作为一个人必需具备的品德，并以“忠信”教育弟子，提出“主忠信”的思想。“吾日三省吾身：为人谋而不忠乎？与朋友交而不信乎？传不习乎？”孟子认为，君臣之间，臣对君的忠实程度，是以君对臣的信任和知遇为转移的。当别人无礼地对待自己时，自己要反省自己是否有不忠于人的行为。荀子往往将“忠信”并提，而讲信处要远多于忠。荀子从他的主张出发，将“忠信”作为称霸天下的前提条件和统治者巩固统治的手段。董仲舒继承儒家的传统思想，认为“忠”是不贪功，不惜命，不显谏。魏徵承袭了儒家五常思想，突出强调了君礼臣忠的主张。“然则德礼诚信，国之大纲，在于君臣父子，不可斯须而废也。”孔子曰：“君使臣以礼，臣事君以忠。”魏徵说：“君能尽礼，臣得竭忠，必在于内外无私，上下相信。”

历代圣贤大儒对“忠”之论述车载斗量，在此不一一罗列。总之，儒学学派思想中对“忠”的主张，既有积极的一面，也有消极的一面。从积极的角度讲，为人谋事要忠于人，忠于朋友，“君信臣忠”等主张，不仅是传统文化的主要内容，也是中华民族人格的主要内容；不仅在过去的历史中起着进步作用，在今天仍然是我们民族发扬光大的传统美德。

我们推出的“中华民族人文修养经典故事”丛书——《忠 敬事无违之道》，个个故事独立成篇，图文并茂，简明扼要，紧紧围绕“忠”这一道德范畴。自成一家，其故事内容丰富，情节感人。诸如“精忠报国的岳飞”。岳飞出生在汤阴县一个农民家庭，年轻时拜著名武林高手周同为师，学习射箭，又喜读兵书，成为智勇双全的将才。从1122年投军起，就与大举南侵的金兵作战，屡建奇功。由于岳飞战场上的胜利和力主收复中原，威胁到宰相秦桧与金的议和计划，宋将张俊等嫉妒岳飞每战必胜，谏议大夫万俟卨为报私仇，诬告岳飞谋反。1142年，岳飞被秦桧以“莫须有”的罪名害死。但人民永远怀念这位精忠报国的英雄。“陈化成血染吴淞”，陈化成是福建同安县人，出身行伍世家，曾任金门总兵、福建水师提督。鸦片战争爆发，他被调任江南提督，负责江浙防务，当时陈化成已年过六十。1842年，在定海的保卫战中，67岁的老将陈化成为捍卫祖国的领土和民族尊严，流尽了最后一滴血。陈化成忠于祖国，为民族大义而死，可谓死得其所，重于泰山。人民永远不会忘记这些英雄……

目录

目录

忠

敬事无违之道

ZHONG JINGSHI WUWEI ZHI DAO

表里如一的子产

1 子产，本名公孙侨，字子产，是春秋末期郑国的杰出政治家、思想家、改革家。

2 公元前 554 年，子产担任负责郑国外交的职务，在与各国的交往中，充分显现了他的气魄和才能，有力地维护了郑国的利益。

3 公元前 549 年，当时的霸主晋国由范宣子执政，他要求各个诸侯增加朝聘的贡品。郑国地处中原，北方的晋国和南方的楚国为争夺首领位置经常发生战争，严重威胁到郑国的安全。而郑国国内贵族豪强也不断爆发流血冲突，形势相当险恶。

4 子产写了一封信，让人送给范宣子。他在信中诚恳地指出：财货多了对晋国不是好事，反而会导致晋国分裂，危及自身安全，就如象牙值钱，才造成大象被杀。范宣子觉得子产真是在为晋国着想，就决定减轻各诸侯国的进贡和负担。

5 公元前543年，子产开始执掌郑国的政权，推行了一系列有利于国计民生、稳定政局、发展经济的政策，引起了郑国社会上下强烈反响。

6 刚开始，老百姓对新的改革措施不理解，也引起有些人的不满，于是在公开场合恶意攻击子产，甚至在道路上赶车的人都唱着小曲咒骂他。

7 几年过去了，政策收到实效，老百姓尝到甜头，社会舆论也发生了根本变化，曾恶毒咒骂他的人说："子产可别死啊，你若死了，我们到哪儿去找这么好的官哟。"

8 子产善于发挥政界人才的整体优势，让每个有长处的人各显其能。但是还是有人议论子产，他们聚集在乡校里，无所顾忌地议论国家政事，什么话都敢说。

9 郑国的然明是一位坚定支持子产改革的人。他在乡校里听到了很多刺耳的话，于是建议子产毁掉乡校，不准人们利用乡校作为反对改革的场所。

10 子产说："为什么要毁掉乡校呢？人们一早一晚有了空闲时间就到乡校里随便闲谈，议论执政的成败得失。他们认为正确的，我就继续实行；他们认为错误的，我就改正。他们就是我的老师，为什么要禁止呢？"

11 “我听说老老实实地为民办好事，可以减少大家的不满和仇恨，没听说摆出权威就能防止人们的怨恨的。”

12 “使用权威或许能快速制止人们的批评，但这样就像在江河上筑堤堵水一样，一旦发生大规模决口，一定会伤亡很多人，那就无法挽救了。不如慢慢引导它，让它细水长流，一点一点往外淌。所以，我愿意倾听这些批评，把它当作治病的良药。”

13　郑国一位大贵族子女，名叫罕虎，是子产改革政策的坚定支持者。有一天，罕虎提出让他的一个亲信尹何去治理自己的封邑。

14　子产说：“尹何年纪太轻，阅历不深，恐怕不太适合吧。”罕虎说：“他对我忠心耿耿，不会背叛我。至于年轻，缺乏经验，可以让他先干起来再学习提升嘛。”

15 子产说：“这样做就好比一个连刀都不会握的人，却要让他去割肉，肯定会伤人害己。您是郑国的栋梁，栋梁折断，椽子就会崩塌，要是房子倒了，里面的人都会被压在底下。所以我奉劝您，还是让尹何先学习后从政，而不能先从政后学习。”

16 公元前541年，楚国的公子围到郑国迎娶郑国贵族公孙段的女儿为妻。武将伍举担任副使，领着一大帮士兵，准备进城。

17　子产见他们不怀好意，就让善于辞令的子羽去对他们说："我们郑国是小国，全靠大国多多关照，才有安宁。如果有人怀着做坏事的念头来暗中谋划损害我们，不但我们失去依靠，你们也会失去诸侯的信任。"

18　伍举一听这话，知道郑国已做好警戒防备，只好把放箭的袋子倒过来提着，以示袋子里面没有藏任何兵器。郑国才允许楚人进了城。

19 罕虎非常佩服子产的观点，表示今后郑国的政事都交给子产处理。

20 子产执政20多年，郑国获得相对安定，经济也逐渐繁荣起来。他接受外交使命到晋国访问，赢得“知识渊博，人格高尚”的称号。

忠

敬事无违之道

ZHONG JINGSHI WUWEI ZHI DAO

张昭死谏 孙权感悟

1 熟悉三国故事的人都知道，东吴有一个反对联合刘备抵抗曹操的谋臣，名叫张昭。但很少有人知道他曾冒死进谏，感悟孙权。

2 张昭原籍彭城（今江苏徐州）。东汉末年，因中原战争频繁，民不聊生，徐州的士人纷纷南迁，张昭一家也在这时到了江东。

3 当时孙策正在创立东吴基业，见张昭为人忠厚，并且有才干，就委以重任，选用他做长史，兼任抚军中郎将，文武大事一概交由他办理。

4 原为普通人的张昭为报孙策知遇之恩，恪尽职守，勤勉不怠，鼎力辅佐孙策，使东吴的事业蒸蒸日上。

5 然英雄命短，公元200年，孙策早逝。孙策在临终前，特意在卧帐内召见张昭。

6 他虚弱地说："我死后，我的弟弟就托付给你了。请你倾全力辅佐他。你们要并力同心，共图大业！"张昭挥泪向孙策言道："请您放心，我会忠心辅弼仲谋（孙权的字）的！"

7 孙策死后，张昭以自己的威望率领众臣拥戴孙权为主，做了许多安抚工作，东吴很快稳定下来。

8 有一次，辽东太守公孙渊派使者到东吴，表示愿意向东吴称臣。孙权听后十分欣喜，他不假思索便立即派人去辽东封公孙渊为燕王。

9 张昭得知后，急忙向孙权进谏：“公孙渊这个人反复无常，其降必然有诈。他新近惹怒了魏国，惧怕魏国，才远道而来，欲和我们结交，称臣并不是他的本意，如果他再投靠魏国，那么我们派去的使者就成了他的见面礼，我们东吴也将成为人们的笑柄。”

10 孙权不同意张昭的看法，两人争得面红耳赤。

11 孙权最后按捺不住了，按着刀柄怒气冲冲地说道：“我的主意已定，任何人都不许忤逆我。如果你执意激怒我的话，我恐怕要做出控制不住自己的事情了！”

12 张昭这时也激动地说道：“我出于一片愚忠直言劝谏，实在是由于你哥哥临终的嘱托呀！”说着就痛哭起来，哭得泪水横流。见张昭如此，孙权木然地站在那里，没有说什么。

13 最终孙权还是派人去了辽东。

14 张昭见孙权一意孤行，十分气愤，于是假托有病，不去上朝。

15 这一举动更加惹怒了孙权，于是派人用土封住了张昭家的大门。

16 不久，公孙渊杀了东吴使臣的消息传回吴国。孙权知道自己错了，感到愧对张昭，决定亲自去向他道歉。

17 这一天，孙权很早就来敲张昭的家门。张昭推托病重在床，不见孙权。

18 孙权在门外冲着门里喊道：“我是来向你认错的，你要是不开门，我就不走了！”在萧瑟的秋风中，孙权站了好久。

19 张昭感动了，在儿子的搀扶下来开门。门一开，两人便拥抱在了一起，各自的脸上都挂满了泪痕。

20 以后，张昭又继续上朝了。他经常直言相谏，忠心耿耿地辅弼孙权。

21 张昭死后，家人遵照他的遗嘱，只用一条白绢束头，用粗糙的棺木装殓了他。出殡那一天，孙权身着素服亲临吊唁。

22 在君主专制下，臣进逆耳忠言是要冒极大危险的。张昭冒死进谏，虽然未能阻止孙权的失误，却促使孙权意识到自己的过失，不失忠臣本色。

忠

敬事无违之道

ZHONG JINGSHI WUWEI ZHI DAO

弦高机智救国

1 弦高，春秋时期郑国的一位爱国商人。有一天，弦高赶着一群牛从东往西走着，准备去东周洛邑做买卖。

2 到了滑国都城时，发现城里都是临时休息的秦国军队。弦高很纳闷儿，经暗中打听，知道这支秦军原来是要去袭击郑国的。

3 弦高很着急，因为他刚从郑国出来没几天，郑国根本不知道大祸就要临头了。他立即派人急速回国报告消息。

4 然后他想：秦军走了上千里路，经过许多国家去攻打郑国，肯定是他们认为郑国毫无准备，可以马到成功。如果我能让他们误以为郑国已经知道了秦军的行动，他们就会犹豫不前，让郑国有时间做好防御准备。

5 弦高想到这里，就换上一身礼服，找来几个随从，赶着十二头牛，带着四张牛皮，来到秦军营中，自称是郑国的使者，特意来犒赏秦军的。

6 他对秦将孟明视说：“我们国君听说将军要来郑国，特命我前来犒赏您的部下。我们郑国虽然不富裕，但供应给养和其他便利条件还是可以的。”孟明视听了他的话感到很吃惊，但又只能强作镇定，接受了他的礼物。

7 弦高走后，孟明视立即命令部下就地驻守，停止前进。

8 在春秋时期，郑国是小国，是秦、晋、楚几个大国争夺的对象。秦国早就有吞并郑国的想法。

9 早在两年前，秦穆公就以替郑国设防的名义，派杞子、逢孙、杨孙三位将领驻守在郑国。

10 后来郑文公去世，接着作为诸侯霸主的晋文公也离世。杞子认为时机已到，就秘密派人给秦穆公送信说：“郑国人现在正忙着办丧事，政局不稳。现在我掌管着郑国国都北门的防守，如果秦国发兵由此袭击，就可以轻易占领郑国。”

11 秦穆公得知消息，不顾大臣的反对，任命孟明视为将军，西乞术、白乙丙为副将，率领三百辆兵车去偷袭郑国。他们万万没想到，这个美梦被郑国的商人弦高全部打乱了。

12 弦高派人把秦军要袭击郑国的消息报告了郑穆公，郑穆公十分震惊。他马上想到，郑国还有驻守的秦军，急忙派人去观察他们的动静。

13 派去的人到驿馆一看，杞子、逢孙、杨孙三人已经打包好行李，磨好了兵器，喂好了战马，专等着秦国大军到来时做内应呢。

14 郑穆公得知这个消息，马上派大夫皇武子到驿馆下逐客令：“你们在我们郑国已经待了很久，我们这里的肉、粮食都吃光了。由于你们将要上路，我们要有所表示。郑国有猎场，也就像秦国有猎苑一样。你们就从我们的猎场中猎取一些麋鹿，供路上食用，好让我们郑国松口气。怎么样？”

15 这话的言外之意是："我们已经知道了你们的阴谋，也有了准备，你们如果知趣，就赶快滚蛋吧！"杞子、逢孙、杨孙明白这个意思，于是赶紧逃跑了。

16 秦军将领孟明视听到了杞子三人从郑国逃走的消息后，知道郑国确实做好了战争准备。他对两个副将说："郑国已经有了准备，我们偷袭是不能得逞了。如果强攻则不会很快攻克，久围又没有后援，我们还是回去吧！"于是秦军灭了滑国，撤兵回秦。

17 晋国早已发现秦军的动向。晋国大臣认为秦穆公贪得无厌，劳乏百姓，企图远道攻击郑国，灭掉了晋国的同姓滑国，这是违反天意的，于是在崤山设兵伏击秦军，秦军大败，孟明视、西乞术、白乙丙都成了晋军的俘虏。

18 弦高作为一名普通商人，在国家危急关头，能够挺身而出，勇敢、机智地挽救国家的命运，其赤胆忠心一直被后人称颂。

忠

敬事无违之道

ZHONG JINGSHI WUWEI ZHI DAO

挡驾抗旨的周亚夫

1 公元前 158 年，匈奴大举进犯汉朝北部边境。

2 汉文帝刘恒在首都长安附近部署了三支近卫军：一支驻扎在霸上，一支驻扎在棘门，一支驻扎在细柳。周亚夫任细柳军营主帅。

3 一天，汉文帝亲自乘车视察三座军营。他首先到霸上，接着又到棘门，在这两处营门都没遇到阻拦，皇帝车驾直驰而入，将军们都下马迎送。

4 最后，文帝到了细柳营门前，只见官兵身披铠甲，手执兵刃，弓箭在弦。皇家车骑先锋官直奔大门而来，却被挡在门外。

5 先锋官说：“天子就要到了。”可是细柳营的守门军官声称：“将军有令，军中只听将军的命令。”过了一会儿，汉文帝到了，也被挡驾在军营门前。

6 于是文帝派使节拿着符节到军营里去见周亚夫，通知他皇帝要慰劳将士。这时，周亚夫才传令打开营门。

7 守门军官还告诫皇家车骑：将军有规定，军营里不许纵马疾驰。于是汉文帝一行只得挽着缰绳，缓缓进入军营中。

8 到了主帅军帐，周亚夫拱手作揖，说：“身披铠甲的将士不行跪拜礼，请允许我以军礼参见圣上。”这件事给汉文帝留下了深刻印象。他认为这才是真正的将军，比较之下，霸上、棘门将军如同儿戏。

9 后来，长安的威胁解除了，严以治军的周亚夫升为中尉。

10 汉文帝临终时对太子刘启（后来的景帝）说：“国家若遇到危难，可任命周亚夫统率军队。”

11　公元前 154 年，东南诸侯吴、楚等七国发动叛乱，威胁汉朝中央政权和全国的安定。汉景帝任命周亚夫为太尉，率兵平定吴楚之乱。

12 周亚夫出发前，一个名叫赵涉的人拦道求见。周亚夫虚心请教，以礼相待。赵涉指出：“吴王长期招募亡命之徒，一定会在殽、渑一带暗藏间谍。军事行动贵在保密。你应率军走蓝田，出武关，进抵洛阳。这样迂回行动，诸侯以为将军从天而下。”

13 周亚夫采纳了赵涉的建议，急行军到了荥阳、洛阳。

14 到了洛阳后，周亚夫又去请教父亲周勃的老朋友邓都尉如何对吴楚作战。邓都尉提出：“吴兵士气正旺，楚兵彪悍强劲，不宜正面交锋。应当先固守昌邑，高垒深沟，同时派兵切断吴兵粮道。”周亚夫采纳了邓都尉的计策，避开吴楚的锐气，拒不出战。

15 吴楚大军猛扑梁国。梁孝王派六位将军去应敌，未能解围。

16 梁孝王多次派使者向周亚夫求救。周亚夫一直不肯派兵去解救。

17 原来在周亚夫出征前，他就向汉景帝提出：暂时放弃梁国。汉景帝批准他相机行事。

18 梁孝王被吴楚大军打得伤亡惨重，就派使者到汉景帝那儿去告周亚夫的状。汉景帝下旨，要求周亚夫去救梁国。

19 如果周亚夫这时候遵从汉景帝的旨意，发兵救梁，必然过早地与吴楚决战，导致丧师失地，梁国也终将会陷落。于是周亚夫仍按兵不动，坚定地执行自己根据正确分析敌我力量对比而制定的战略。

20 恰好，梁孝王任命了韩安国和张羽两员大将，扭转了梁国的危急局面。

21 吴兵见久攻梁城不下，就挥师向周亚夫统率的汉军挑战。

22 周亚夫坚守壁垒，等待时机。这时，吴兵粮绝，不敢久战，采取声东击西的战术，夜间大事鼓噪攻打东南方向。周亚夫识破了敌军的计谋，重点防守西北方向。

23 果然，当吴军从西北方向孤注一掷时，遭到汉军伏击，四散溃逃。吴王刘濞逃到丹徒，也被东越人诱杀了。历时三个月的吴楚七国之乱，终于被平定了。

24 周亚夫在细柳营拦驾，反而得到汉文帝的赏识；在吴楚之乱的危急关头抗旨，没有救援梁国，终于争取了时机，取得战略决战的胜利，赢得了汉景帝的信任。忠，并不意味着唯命是从。

忠

敬事无违之道

ZHONG JINGSHI WUWEI ZHI DAO

爱国诗人屈原

1 战国时期政治外交斗争波谲云诡，造就了一位矢志不渝、志向远大的爱国者；荆楚大地云蒸霞蔚的秀丽山川则哺育了一位怀瑾握瑜、心若芷萱的浪漫主义诗人——屈原。

2 屈原是楚国王室的同姓贵族，祖先是颛顼氏。楚怀王熊槐当政的时候，屈原担任朝廷的左徒。

3 屈原知识渊博，通晓治国之道，又擅长辞令，所以得到楚怀王重用，经常与怀王商议国事，发布号令，接待宾客，应对诸侯。

4 公元前 318 年，楚国联合燕、赵、魏、韩共同攻打秦国，楚怀王任五国合纵的首领。

5 屈原见怀王有所作为，决心辅佐怀王进行改革，联合齐国，抗御强秦。但是，屈原的政治抱负受到宫廷奸党的嫉妒而屡遭挫折。

6 有一次，楚怀王命令屈原起草一份变法改革的文件。屈原针对楚国的积弊，提出了许多利国利民的主张。

7 稿子刚刚起草完毕，有些问题还需要斟酌推敲。这时，被大夫靳尚看见了，他急于知道这份文件的内容，就要抢过去看。屈原不想让这个妒忌成性的小人以此去招摇撞骗，就严词拒绝了。

8 靳尚怀恨在心，到楚怀王面前去告状：“大王让屈原起草文件，人人都知道屈原的大名，没有人知道是大王的旨意。因为屈原每起草一篇，就夸耀自己的才华，说什么‘这事除了我谁也干不了’。”

9 楚怀王一听，信以为真，怕屈原的威望超过了自己，就逐渐疏远了屈原，后来又解除了他左徒的官职，贬为三闾大夫，流放到汉水以北的穷乡僻壤。

10 屈原怀着悲愤的心情离开郢都。他戴着高高的帽子，系着长长的佩带，在湖畔吟诗，写出了不朽的长篇抒情诗《离骚》，表达了“路漫漫其修远兮，吾将上下而求索”的决心。

11 屈原被放逐后，楚国联齐抗秦的外交政策也遭到破坏。

12 秦惠王派张仪到楚国去离间齐楚联盟，提出：“如果楚国断绝与齐国的关系，秦国愿意献出商於之地六百里。”

13 目光短浅的楚怀王以为真能得到六百里土地，就断绝了与齐国的关系，派人到秦国去接受土地。可是翻手为云、覆手为雨的张仪却说：“我与楚王约定的是六里。”

14 楚怀王受骗后，派兵去打秦国，结果损兵折将，丢了汉中之地。

15 这时楚怀王结束了屈原的流放，派他出使齐国，以加强对齐的友好关系。

16 秦昭王娶楚国公主，写信给楚怀王，要求会见。怀王想接受邀请，出访秦国。

17 屈原劝阻说："秦是虎狼之国，背信弃义，还是不去为好。"但由于怀王的小儿子子兰等人的极力怂恿，怀王还是到秦国去了。

18 结果，秦国扣留了怀王，三年后，怀王死在秦国。

19 楚怀王被扣后，顷襄王接位，子兰任令尹（相当于宰相）。屈原对子兰怂恿怀王入秦表示不满，子兰就让靳尚在顷襄王面前说屈原的坏话，于是屈原又被流放到了江南（今湖南沅水、洞庭一带）。

20 屈原竭智尽忠，却遭到疑忌，心烦意乱中，去找楚国太卜郑詹尹，请他指点迷津：在这“黄钟毁弃，瓦釜雷鸣；谗人高张，贤士无名”的溷浊世道，自己应当“正言不讳以危身”，还是“从俗富贵以偷生”呢？

21 郑詹尹无法正面回答，只是含糊其词地说：“‘用君之心，行君之意。’这样的问题不能用占卜来决定啊。”

22 一天，屈原在湖滨遇见一位渔翁。

23 他虽然面色憔悴，形容枯槁，但渔翁还是认出了这位三闾大夫，就劝他随波逐流：世人皆浊，你就搅起污泥；众人皆醉，你就吞食酒糟。

24 屈原表示宁可葬身鱼腹，也不能以洁白之身蒙受世俗的尘埃。

25 屈原终于在楚国山河破碎形势下完全绝望。写下绝笔之作《怀沙》后，于公元前 278 年农历五月初五抱着石头投汨罗江自沉。

26 直到今天，人们每逢五月初五还是要赛龙舟、吃粽子，纪念这位伟大忠贞的爱国诗人。

忠

敬事无违之道

ZHONG JINGSHI WUWEI ZHI DAO

申包胥为楚求救兵

1 春秋时代，楚国和吴国是邻国。两国边境的女子因为争夺桑田，导致两国举兵相攻。从此两国结下了仇恨。

2 吴王阖庐即位后，采纳了伍子胥和孙武的计策，联合唐、蔡两国军队共同讨伐楚国，在汉水大败楚军，并乘胜攻入楚国郢都。

3 楚昭王逃亡到隋国，吴兵随即包围了隋国，楚昭王危在旦夕。

4 楚国大夫申包胥和伍子胥是很要好的朋友。后来楚平王听信谗言，杀害了伍子胥的父亲和哥哥，还要杀害伍子胥。伍子胥怀着深仇大恨出逃。临走前对申包胥说：“我一定要灭掉楚国。”而申包胥说：“楚国一旦遇到危难，我一定挺身拯救。”伍子胥后来逃亡到吴国，做了吴国大臣。

5 这次伍子胥率吴兵进入郢都后，到处搜寻楚昭王，没有搜寻到，于是掘开楚平王的墓，抽打了楚平王的尸体三百鞭子，以报父兄之仇。

6 申包胥这时正躲避在山中，听说此事后，派人谴责伍子胥：“你这种报仇的方式也太过分了！我听说，一个人虽然凭着一时的凶暴胜天，但天也会降给他灾难，使他失败。你本是平王的臣子，为平王做事，今天却反过来侮辱平王的尸体，这种行为多么惨无人道啊！”

7 为了拯救楚国，申包胥毅然踏上前往秦国的征程，决心求得秦国的援助。从楚国到秦国有两千里路程，其间又横隔一道道穷山恶水。申包胥已经置生死于不顾，哪里还怕什么路途的遥远和艰险。

8 他冒着风霜雨露，爬高山，履深谷，涉急流，日夜兼程，不敢休息。带的干粮吃光了，就以山果野菜充饥；鞋磨烂了，就光着脚继续前行，脚掌上磨出了厚厚的茧子。

9 由于劳累饥饿，他的身体瘦得像一根枯木；由于风吹和日晒，他的皮肤变得黝黑。经过十几个昼夜的跋涉，他终于来到秦国的都城。

10 申包胥晋见秦哀公，请求说："现在吴国军队进犯楚国，长驱直入，攻破了郢都。我们君主失去了社稷逃亡在外；百姓流离失所。吴国贪如虎狼，他们占领楚国后，就与秦国为邻了，将成为秦国的劲敌。如果楚国能得到大王的惠顾得以复国，将世代替大王效劳。"

11　秦哀公无心出兵，只是敷衍申包胥说：“寡人知道了。请你先住在驿馆里，等我们决定了就通知你。”说完就走了。

12　申包胥时刻挂念着国家和君王的安危，心急如焚，他哪里有闲心住什么驿馆！他于是在秦廷中靠着柱子痛哭起来，日夜不住声，不吃也不喝，眼泪哭干了，眼眶中接着流出的是血。就这样，申包胥哭了七天七夜。

13 秦哀公终于被感动了，对臣下说：“楚君虽然昏庸无道，却有这样忠贞的臣子，我怎么能忍心不救助楚国呢！”

14 于是再次接见申包胥，向他朗诵了《诗经》中的一首诗：“……王于兴师，修我戈矛，与子同仇……与子偕作……与子偕行。”意思是告诉申包胥，秦国将与楚国休戚与共，共同抗击吴军。申包胥连忙磕头谢恩。

15　秦哀公派了五百辆兵车前往救助楚国，在郢都郊外稷丘大败吴兵。这时吴国国内又正好发生内乱，吴王阖庐只好放弃攻打楚国。

16　楚昭王重新回到郢都。楚昭王要封给申包胥大片土地，申包胥推辞说：“我不辞辛苦求救兵，是出于对祖国的忠诚，而不是为了个人的荣耀。我如果接受了封赏，不是等于出卖了我的人格吗？”

17 申包胥于是带一家老小隐居深山，终身不再露面。

18 申包胥功成而不居功求赏，表现出无私奉献的爱国精神。忠于祖国，不图回报，这才是真正令人敬佩的忠臣，正因为如此，他的美名永远留在人们心中。

忠

敬事无违之道

ZHONG JINGSHI WUWEI ZHI DAO

卞和三献璞玉

1 春秋时期，在楚国有个叫卞和的年轻人，他是一个琢玉能手。

2 一天，他登上陡峭的高山，穿过巍峨的石林，无意间在岩石的缝隙中捡到一块石头。

3 他高兴得几乎跳了起来，因为经过仔细鉴赏，原来这是一块没有经过打磨的宝玉。

4 于是，他把一些玉工和行家请来鉴定，大家都纷纷称奇说，的确不是块普通的石头，价值连城。

5 一位玉工说："这样的美玉，只能献给帝王做镇国之宝。我们普通老百姓家里根本就不是保留这种宝玉的地方，搞不好还会给自己带来杀身之祸。"

6 卞和经过深思熟虑，决心把这块宝玉奉献给楚王。

7 当时楚厉王锐意进取，结束闭关自守的治国方略，向中原地区开拓进展。

8 楚厉王在位时乘柴车、穿破衣、开辟山林，大举开疆拓土。

9 他曾出兵征服陉隰，进一步增强了楚国实力。

10 有一天，卞和听说楚厉王带领大军要路过这座山，一早就跪在地上跪迎楚厉王，待楚王立定，卞和就献上了这块璞玉。

11 楚厉王令随行的玉工看了看，玉工说：“大王，这哪里是他说的什么无价之宝，分明是一块普通的石头嘛！”

12 楚厉王见这个老百姓诳骗自己，顿时恼羞成怒，命人砍断卞和的左脚。

13 公元前 741 年，楚武王即位，对外继续奉行扩张策略。

14 一天，远征大军途经卞和家附近的那座山下，队伍准备做短暂休整。

15　时光似水，岁月如梭，这时的卞和已经是中年人了。左脚被无辜砍断，给他的生活带来了很多不便。

16　为了生活，他每天仍一瘸一拐地上山砍柴，忍受着常人无法忍受的痛苦。

17 家中的生活重担大部分靠妻子和儿子承担，一家人相依为命，过着衣不蔽体、食不果腹的生活。

18 尽管贫困潦倒，为了体现自己对祖国的一片赤诚之心，卞和还是抱着那块璞玉去献给楚武王。

19 楚武王命自己的心腹玉工仔细看了一遍，并要求他马上辨别出这块石头的真假。

20 这家伙装模作样地摆出一副权威姿态，将这块石头翻来覆去地看了又看，好像明白了什么。审视良久，玉工大声向楚武王禀告：“大王，这个无耻的人之前就是用这块石头诳骗先王的，今天他又来欺骗您了！”

21 楚武王听后，气得暴跳如雷，厉声喝道：“大胆刁民，竟敢欺世盗名，来人啊！砍断他的右脚！”

22 公元前 690 年，楚武王死于征战途中。楚武王的儿子熊赀继承楚君之位，为楚文王。

23　公元前689年，楚文王即位后，推行了一系列有利于发展的改革措施，大赦天下，广开言路，让人们休养生息，发展生产。

24　由于改变了对外扩张的政策，与邻近各国建立了友好关系，尊崇拥护周王朝的统治，因此深得周天子的信任。楚国举国上下呈现出一派国泰民安、欣欣向荣的景象。

25 无情的岁月，坎坷的人生，似永逝的春水一去不复返。这时的卞和已是年近花甲的老人了，但他要把那块无价之宝献给君王的一片赤诚之心始终不渝。

26 废掉了双脚，他已无法亲自进郢都去献宝了，只得抱着璞玉，坐在一个蒲团上，用手支撑着衰弱的身体，一点一点地挪到那座山前，放声痛哭。卞和一连哭了几天几夜，那撕心裂肺、悲哀的哭声惊天地，泣鬼神，就连天上飞的鸟儿，地下跑的野兽也跟着发出阵阵哀鸣。

27 一时间雷电交加，狂风怒号，天地间一片昏暗。卞和伤心的眼泪哭干了，流出来一滴滴鲜血。

28 楚文王听到这件事后，深受感动。于是派使者去调查了解情况。

29 使者见到卞和后便问：“天下欺骗君王，遭受酷刑而被砍断双脚的人成千上万，还没见过哪个像你这样痛哭流涕、悲怆忧愁的样子，这到底是什么原因呢？”

30 卞和说：“我并不是为我的双脚残废而悲伤哭泣，而是痛心这个混沌世道啊！”

31 使者听得一脸茫然，经过一番安慰，就请他慢慢地把这件事说清楚。

32 “无价之宝被当作冥顽不灵的石头，一片精忠报国之心被诬陷为诳骗君王，这才是我哭诉泣血的原因啊。”卞和说着，把璞玉交给了使者，请他带回郢都。

33 楚文王让玉工用钻凿开这块石头，按照它的自然形态雕琢，的确是一块晶莹剔透、举世无双的美玉。

34 美玉洁白得像八月中秋的望月，一点微小的瑕疵也没有。

35 卞和忍辱负重，蒙冤几十年，才得以昭雪。为了纪念这位几十年如一日，茹苦含辛、赤诚献玉的卞和，人们把这块宝玉命名为“和氏璧”。

36“和氏璧”历尽沧桑，浸透血泪，最宝贵的是融入其中的可歌可泣的一片赤诚。

忠

敬事无违之道

ZHONG JINGSHI WUWEI ZHI DAO

图穷匕见话荆轲

1“风萧萧兮易水寒，壮士一去兮不复还。”这悲壮的歌声伴随千万个视死如归的志士投入到爱国抗暴的战斗中。

2 荆轲是战国后期的一位游侠，爱好读书与击剑。

3 他游历齐、卫、赵等国后到了燕国，结识了当地狗屠夫及擅长击筑的高渐离，并和燕国著名侠客田光先生友善。

4 这时，燕太子丹刚结束在秦国充当人质的生活，逃回到燕国。

5 燕太子丹幼年曾在赵国当人质，秦王嬴政出生在赵国，儿时两人常在一起玩耍。后来嬴政当了秦王，燕太子丹又到秦国去做人质。嬴政一点也不讲童年的交情，总是凌辱燕太子丹。

6 燕太子丹乘秦人不备，偷偷逃出秦国，决心反抗秦王的暴虐统治，却苦于兵力单薄。

7 不久，秦国一位名叫樊於期的将军逃到燕国避难，燕太子丹收留了他。

8 燕太子的老师鞠武劝道："不如把樊将军遣送到匈奴去灭口，以免招来杀身之祸。"

9 太子不忍心抛弃这位穷途末路的朋友，就去请教田光先生。田光说：“我老了，帮不上这个忙了，我的朋友荆轲可以去办这件事。”燕太子丹叮嘱田光，不要泄露秘密。

10 田光去找荆轲，说明燕太子丹的意思。荆轲答应去见太子。田光为解除太子的疑虑，激励荆轲，拔剑自刎而死。

11 荆轲去见燕太子丹，报告说田光已自刎。太子跪地痛哭，向荆轲叙述了自己的计划：派一名勇士去劫持秦王，迫使他归还侵占诸侯的领地。如果不从命，就刺杀他。

12 荆轲允诺了。于是燕太子丹尊荆轲为上卿，待遇十分优厚。

13 此时形势越来越紧张。秦将王翦攻破赵国，战火烧到燕国的南部边界。

14 燕太子丹请来荆轲，询问对策。荆轲建议带着樊於期的人头和燕国督亢地区的地图作为见面礼，伺机下手。但燕太子丹不忍心杀樊於期。

15　荆轲就自己去找樊於期，说明借他的人头劫持秦王的计划。樊於期拔剑自刎，献出头颅。

16　太子为荆轲准备了一柄涂有毒药的匕首，卷在地图里，又派一名少年勇士秦舞阳一同赴咸阳。

17 临别，燕太子丹率领众宾客身穿白衣头戴白帽，一直送到易水河边。高渐离击筑，演奏了高昂激越的乐曲，荆轲慷慨悲歌：“风萧萧兮易水寒，壮士一去兮不复还。”在场的人无不泣不成声，怒发冲冠。

18 荆轲到了秦国，买通了秦王宠臣蒙嘉。

19 蒙嘉到秦王面前通报："燕王愿臣服秦国，谨斩樊於期人头奉上，并献出督亢地图。"秦王大喜，在咸阳宫里，举行盛大的仪式，接见燕国使臣。

20 荆轲手捧装有樊於期人头的木匣，秦舞阳手捧地图，一步步走近秦王。到了台阶上，秦舞阳紧张得脸色发黄，双手发抖。荆轲从容镇定地回过头来，对秦舞阳笑了笑，说："他是北方边远地区的乡下人，没见过天子，所以吓成这样。"

21 秦王看了看木匣里的人头，说：“把秦舞阳拿的地图给我送来。”荆轲放下木匣，取过地图，双手呈送秦王。

22 秦王展开地图，想好好看一看这块不费一兵一卒就要到手的土地。地图的卷轴转到最后，露出隐藏在里面的匕首。

23 荆轲左手抓住秦王的袖子，右手拿起匕首，直逼秦王。秦王大吃一惊，匆忙中撕断了袖子，挣脱出来，赶紧用手拔剑，可是剑柄在身后，仓促间怎么也拔不出来。

24 荆轲手执匕首追赶秦王，秦王围着立柱跑。群臣手中没有兵器，只得提示秦王：“从背后拔剑！”

25 这时，侍医夏无且用药囊打了荆轲一下，荆轲一闪身，秦王乘机从背后拔出了宝剑，砍断了荆轲的左腿。荆轲受伤倒地，把匕首投向了秦王，没有击中，自己却身受八处剑伤，当场身亡。

26“惜哉剑术疏，奇功遂不成。其人虽已没，千载有余情。”著名诗人陶渊明的《咏荆轲》道出了人们的赞美和惋惜。

忠

敬事无违之道

ZHONG JINGSHI WUWEI ZHI DAO

周公忠贞感成王

1 提起周公人们大都知晓，他是周朝初期的一位大功臣。

2 他协助武王伐纣，辅弼成王治理天下，竭忠尽诚，坚贞不二，为人们所称道。

3 周公，姓姬，名旦，是周武王姬发的弟弟，因他的食邑在周地（今陕西岐山北），所以，人们尊称他为周公。武王伐纣时，作为武王的重要助手，他出生入死，忠心耿耿，立下了卓著的功勋。

4 灭商后的第二年，武王病危，将周公召到榻前，断断续续地说："我死之后，将由我的小儿子继位。他年幼无知，大周社稷的重任将落在你的肩上……望你尽心辅佐，那样我在九泉之下才安心。"周公含泪点头答应。

5 武王过世后，由儿子成王继位。这时成王年龄尚小，周公担心各地诸侯会乘机叛周作乱，威胁新建的大周政权，于是由他摄政当国。

6 摄政后的周公日夜操劳，唯恐出现什么差错。他制定了唯才是举的方针，礼贤下士，广招人才。

7 有时他正在吃饭，听说有士人来见，就立即放下饭碗出去迎接。

8 有时正在洗发，听说有士人来见，就赶快绾上头发出来接待。

9 尽管如此，还是招来了一些流言蜚语。武王的弟弟管叔和蔡叔散布谣言，说周公要谋害成王，篡夺王位。

10 商纣王的儿子武庚一看周朝内部出现裂痕，便联合了一些商朝的遗老遗少乘机作乱，管叔和蔡叔也加入进来。刚建不久的周王朝面临着严峻的考验。

11 在这紧要关头，周公拜访了德高望重的大臣太公望姜尚和召公，非常坦诚地说道：“我之所以不避嫌而代成王执政，是担心天下诸侯叛周，因而对不起先王在天之灵。武王早死，成王年幼，我为了保卫大周社稷才这样做的呀！”周公的一番话打动了姜尚和召公，他们表示愿意和周公站在一起。

12 不久，周公开始兴师讨伐叛军，用了三年的时间，终于平定了叛乱，杀死了武庚、管叔，流放了蔡叔，周朝的统治得以巩固。

13 周公摄政七年后，见成王慢慢长大，就把政权交还给他，自己从此以大臣的礼节出入朝中。这时他便把主要精力用于制礼作乐、制定各种典章制度上，辅佐成王以巩固周王朝。

14 一次，周公受到奸人的诋毁，成王也对周公产生误解，要追查他。见此情状，周公暂时逃亡到了楚地去避难。

15　成王在偶然的一次查看档案时，发现了一篇周公为自己写的祈祷辞。

16　原来成王年幼时得过一场重病，周公为使成王免于灾难，就向神灵祈祷：成王虽年幼，但很懂事，如果有触犯神明的地方，那是我的责任；如果惩罚，我甘愿领受。

17 看着看着，成王感动得掉下了眼泪，觉得自己愧对赤诚的周公。不久，他派人将周公接了回来。

18 在成王身边的周公经常直言劝谏成王，要切记商朝灭亡的教训，谨慎治理国家，不能贪求荒淫的生活；要体察民情，懂得百姓的疾苦；要以德教化民众，不要听信谗言。

19 成王按照周公的教诲治理国家，国家很快出现了空前繁荣的景象。

20 大权在握而无异心，屡遭猜疑而始终不渝，周公成为忠臣的最高楷模。

忠

敬事无违之道

ZHONG JINGSHI WUWEI ZHI DAO

郭子仪白手退敌兵

1 提起唐代将领，人们自然会想到那位久经沙场，身经百战，运筹帷幄的白发将军郭子仪。这位平定叛乱的名将，为国为民竭诚尽忠，留下许多动人的故事。

2 郭子仪自小酷爱兵法，谙熟武功，他立志做一名保卫祖国的将领。不久就考中武举，任左卫长史。

3 公元 755 年，拥有重兵的三镇节度使安禄山伙同部将史思明发动叛乱，这就是历史上有名的“安史之乱”。

4 国中叛乱起，郭子仪受命于危难之时，奉命率军讨伐叛贼。他率领大军在回纥人的配合下，与安史叛军经过大小数百次的艰苦奋战，终于取得了戡乱的胜利。

5“安史之乱”后，唐代宗时，陇右节度使仆固怀恩不满朝廷对自己的待遇，背叛朝廷。他制造谣言，谎说唐代宗已死，郭子仪被杀，从吐蕃和回纥借来十万大军，向长安进发，虽然仆固怀恩在途中死去，但叛军继续前进，逼近长安。

6 郭子仪又一次受命于危难之时，唐代宗任命他为副元帅前去平叛。这时的郭子仪已是 69 岁的老将军了。在此之前，因受坏人谗害，已被罢官居家多年。

7 这次出征时，身边只有几十人。他只好在路上临时招募兵马，逼近敌人时，他的麾下也不足一万人。

8 久经战阵的郭子仪清楚地知道，在这敌我力量悬殊的形势下与敌人硬碰硬是不行的。他得到可靠情报，虽然吐蕃和回纥表面上是联军，但因争权夺势，相互已有很深的矛盾。他决定拆散两家的联盟，设法说服回纥人与唐军联合起来，一同击溃吐蕃军队。

9　郭子仪先派部将李光瓒去回纥军中试探。回纥首领药葛罗问李光瓒道：“郭令公还在吗？仆固怀恩把我们骗了。要是郭令公果真还在，我们倒真想见见他。”

10　李光瓒回来报告了郭子仪。郭子仪听后，立即招集各部将到自己军寨中。

11 他说："眼下情况紧迫，我决定亲自到回纥营中走一趟，设法说服他们。"部将们听说后都大吃一惊，纷纷劝阻，生怕有什么不测。但郭子仪决心已定。

12 临行时，郭子仪的儿子走上前，拉住父亲坐骑的缰绳，哭泣着说："父亲，你是国家的元帅，亲入敌营，这样太危险了。"

13　郭子仪一字一顿地说道：“正是为国家利益我才决定去的。国家安危在此一举！”说毕，扬起鞭子，抽了一下坐骑，带着几十个随从出发了。

14　郭子仪带着随从骑着马，缓缓走进回纥军营。远远看见回纥兵早已剑拔弩张地等待着。

15 郭子仪下了马，摘下头盔，挺一挺胸，一边走近他们，一边向他们打招呼道：“大家好呀！我们都讲忠义，何至于这个样子呢？”

16 回纥人缓缓地放下武器，听到有人说：“真是郭令公呀！”捏着一把汗的郭子仪的随从们都长长地舒了一口气。

17 郭子仪同药葛罗及其他回纥头领见过面后，就请他们喝酒，重温友谊，说出来意，申明大义。

18 回纥人被说服了，决定反戈一击。吐蕃军队得知消息后，连夜逃走。

19 郭子仪下令追击。唐军与回纥军联合作战，大败叛军十余万人。

20 忠于国家，危难时把自己的个人利益置之度外，郭子仪不计个人安危而于国难当头之际挺身而出，拼死救国，表现出崇高的人生境界，国家和人民永远不会忘记这样的忠臣。

忠

敬事无违之道

ZHONG JINGSHI WUWEI ZHI DAO

忧国忧民的范仲淹

1“先天下之忧而忧，后天下之乐而乐。”是《岳阳楼记》里脍炙人口的名句，更是范仲淹一生的真实写照。

2 范仲淹两岁时丧父，母亲改嫁到一户姓朱的人家，范仲淹也改姓朱，取名朱说，在朱家长大成人。

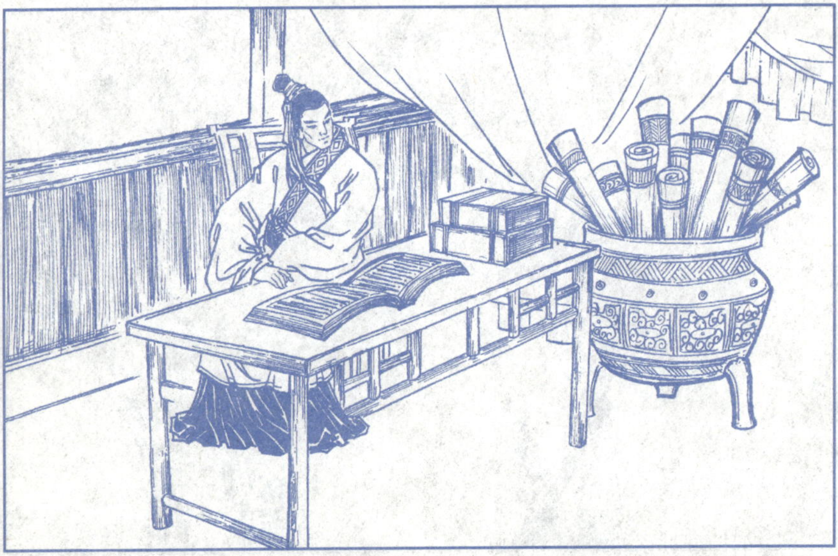

3 后来，他知道了自己的家世，毅然辞别母亲，发奋读书。冬天，学习困倦了，就用冷水浇头；吃不饱饭，以喝粥度日。

4 26岁时范仲淹考中进士，就把母亲接回赡养，自己也恢复了范姓，改名为仲淹。

5 苦学成才的范仲淹十分重视人才培养。他受晏殊推举，担任秘阁校理，许多学生来向他请教，他诲人不倦，耐心讲解。各地慕名前来学习的人都住在他家。

6 他把为数不多的俸禄都拿出来供养四方学者，以致自己的几个儿子没有像样的衣服，衣服轮换着穿才敢出门。

7 范仲淹心里装着天下百姓。有一年，江淮地区和黄河中游发生严重旱灾，接着蝗虫蔽日，赤地千里。

8 范仲淹当时任右司谏，建议皇上派官员下去视察灾情，赈济灾民。范仲淹上书请奏，几天过去了，也不见批复。

9 范仲淹面见宋仁宗，说：“皇宫里如果半天不吃饭，该是怎样的情景？”仁宗才意识到救灾的紧迫性，派仲淹去江淮一带安抚灾民。

10 他到了灾区，打开官仓，把粮食分发给饥民，减免了当地的一些苛捐杂税，使灾民渡过灾荒。

11 回到汴京，范仲淹将灾区饥民充饥用的野燕麦呈献给皇帝、后妃、贵戚看，以警示他们体恤民情，戒除骄奢之风。

12 不久，范仲淹任苏州知府，太湖发生水灾，农民无法耕田。范仲淹又率众疏浚河渠、兴修水利，引导太湖水注入长江。

13 范仲淹仕途并不顺利。当时吕夷简任宰相，范仲淹对他任用亲信、培植党羽的做法表示不满，后来二人又在建都问题上发生争议。

14 吕夷简指责范仲淹离间君臣、勾结朋党。范仲淹虽据理力争，但仍被贬到饶州（今属江西省），远离京城。

15 几度沉浮，范仲淹以天下为己任的初衷不改，“处江湖之远，则忧其君”。

16 在范仲淹被贬饶州时，北宋西北边境发生元昊叛乱事件，朝廷又把范仲淹召回京师，去镇守西北。

17 范仲淹被任命为陕西都转运使。他来到延州后，一面强化防御设施，训练军队；一面注意团结当地的羌族和汉族民众，允许边民进行集市贸易，互通有无。

18 同时，范仲淹改革更戍法，屯兵营田，解决一部分军粮问题，减轻民众负担。不久，陕北一带的羌汉之民，渐渐安定下来，生产迅速恢复，元昊叛乱失去民众支持，势力渐衰。

19 这时元昊释放了一员宋朝将领高延德，表示愿与范仲淹进行和谈。范仲淹写了一封信开导元昊归顺朝廷。

20 但不久之后，元昊又打了一次胜仗，于是给范仲淹写信，其中言语多有不逊。范仲淹当着来使的面烧了元昊的信。

21 这件事，又被那些专挑毛病的大臣抓住了把柄，范仲淹又降为本曹员外郎，被派到庆州（今属甘肃省），做缘边招讨使。

22 环州（今属甘肃省）、庆州一带住着很多羌族各部。元昊叛乱时，羌族酋长六百多人曾答应给元昊当内应，做向导。现在范仲淹来到这里，他们非常害怕，一时形势很紧张。

23 范仲淹给羌族酋长写了一封信，又派人送去许多慰问品，并亲自到羌族聚居地区和酋长们订立条约，答应羌族老幼由宋朝官军保护，供给饮食。从此，羌族一直接受宋朝号令，不再反叛。

24 后元昊请求议合，西方边事稍宁。范仲淹后来被任命为参知政事，相当于副宰相。他向宋仁宗提出十项建议，都被采纳。

25 但这些改革实行起来困难重重，改革弊政的措施未能取得实效。而范仲淹自己却身患重病，不幸去世。他死后，羌族酋长好几百人去哭丧，斋戒三天以后才离去。

26 为大多数人的利益着想，为大多数人的利益办事，身处逆境而不改初衷，这才是真正的忠。

忠

敬事无违之道

ZHONG JINGSHI WUWEI ZHI DAO

一代良臣魏徵

1 我国历史上，善于总结前代兴亡的经验教训，并勇于犯颜直谏，以避免重蹈覆辙的名臣，以唐朝的魏徵最负盛名。

2 魏徵，现为“魏征”，幼年丧父，出家当过道士，好读书，通晓古今治乱兴衰之理。

3 他亲身经历了隋朝的兴盛和衰落，目睹一个朝代在短短的 30 年间由统一到分崩离析，从安定富强到祸乱交兴的演变过程，深刻认识到一国之君的举措是治乱安危的关键。

4 隋朝末年，魏徵曾参加过李密领导的瓦岗义军，也曾献计献策，但未被采纳，因而拂袖而去。

5 不久，魏徵又在李建成手下做洗马。李建成是李渊的长子，当时是太子，与李世民势不两立。

6 魏徵见李世民势力日益壮大，建议李建成及早收拾李世民，以绝后患。但他的建议未被采纳。

7 后来，发生玄武门之变，李世民杀了李建成，魏徵被李世民召见。

8 李世民一方面很器重魏徵的才干，一方面又对他耿耿于怀：“你离间我们兄弟的手足之情，为什么？”魏徵直言不讳，说：“皇太子要是听我的话，绝不会有今天的杀身之祸。”

9　李世民毕竟是个贤明的君主，他登基做了皇帝后，任命魏徵为谏议大夫，让他发挥所长，不疑不忌。

10　魏徵办的第一件事是被派出去安抚河北一带原太子李建成及齐王李元吉的旧属，正好碰上昔日李建成的手下李志安和李元吉的护军李思行被押在囚车里，准备解送京师。

11 魏徵并没有从个人邀宠的角度出发，避免嫌疑，以示划清界限。而是从朝廷的信义出发，释放了李志安和李思行，并委以官职。

12 他对副使李桐客说："既然主上以国士对待我，我就要以国士报效他。"这件事办得正合李世民的心意，使许多曾为李建成效忠的人安下心来。

13　唐太宗也因此更加赏识魏徵，常常在自己的寝宫召见他，请教治国安邦之策。魏徵先后提出二百多条建议，都被采纳了。

14　这时，有人向唐太宗告魏徵的状，说他“阿党亲戚”。

15 唐太宗让人调查，但没查出实据，只好让他以后注意避嫌疑，不“存形迹”。意思是不要叫人抓住把柄。

16 魏徵毫不客气地对唐太宗说：“如果臣下不存公道，一味考虑自己是否无可挑剔，那么天下的兴衰就难以预料了。”唐太宗被魏徵的侃侃直言所折服，说：“我已经后悔了，不该对你那么说。”

17 魏徵见唐太宗有所感悟，进而说：“我希望陛下使我做个良臣，不要使我做个忠臣。”太宗说：“忠臣和良臣有什么区别？”

18 魏徵说：“良臣提出建议被采纳，身获美名，君受显号；忠臣提出建议不被采纳，身受诛夷，君陷大恶。”

19 有一天，唐太宗在丹霄楼宴请近臣，酒酣，对长孙无忌说：“魏徵以前在东宫效力，还反对过我。我能提拔他，重用他，算得上无愧于古人了。可是，魏徵给我提意见，我要是不接受，他一点也不顺着我。”

20 长孙无忌说：“他若顺着你，你不就按错误的主意去办了吗？”唐太宗说：“只要当时顺着我一点，过后再说不行吗？”

21 魏徵接过话头说："从前舜告诫群臣'你们不要当面顺从，回去又发议论'。如果我当面顺从陛下，岂不违背了舜的告诫？"

22 魏徵不但敢于冒犯国君尊严直言规劝，还写了多篇文章，总结隋代灭亡的教训，给唐太宗看。

23 魏徵劝唐太宗不要大兴土木，不要耀兵振武，不要滥施刑罚，不要堵塞言路，打消了唐太宗封禅泰山的念头，让唐朝避免了隋代短命而亡的悲剧重演。

24 魏徵死后，唐太宗说：“以铜为镜，可以正衣冠；以古为镜，可以知兴替；以人为镜，可以明得失。魏徵的死，使我失去一面镜子。”唐太宗的肺腑之言，正是对魏徵耿耿忠心的最好说明。

忠

敬事无违之道

ZHONG JINGSHI WUWEI ZHI DAO

鞠躬尽瘁 死而后已

1 诸葛亮是中国历史上最受人们崇敬的贤哲。他在老百姓心目中是忠诚的象征，是智慧的化身。

2 诸葛亮，字孔明，父母早丧，随叔父诸葛玄从山东来到江西南昌。后来叔父去世，他就在南阳郡隆中住下来，一边耕田，一边读书，同时结交天下英才。

3 诸葛亮拜过许多名师，读过许多篇章，但他不像别人那样务求精熟，而是“观其大略”，从总体上把握精髓要领，所以他虽然躬耕陇田，却胸怀天下，常常自比管仲、乐毅。有时清晨起来在山林中长啸，迎接东方的晨曦。

4 诸葛亮的好朋友徐庶向刘备举荐了他，称诸葛亮是卧龙，能成大事。刘备说：“那你就把他带来见我好了。”徐庶说：“这个人只能以礼相待，不能招之即来，挥之即去。”

5 刘备当时正在招贤纳士，决定亲自到隆中去见诸葛亮。当时天气严寒，大雪塞途，刘备一连去了两次，都没有见到诸葛亮。

6 这时，求贤若渴的刘备更加恭谨勤勉，第三次来到隆中，在诸葛亮简陋的草房里，向他请教天下大事。

7 诸葛亮被刘备的一片诚心所感动，就提出东联孙吴，北抗曹魏，夺取荆益，三分天下的战略方针。这就是“三顾茅庐”的故事。

8 刘备得到诸葛亮辅佐，更是如虎添翼；诸葛亮为感激刘备知遇之恩，竭智尽忠，操劳一生。

9 当时刘备兵力单薄，又没有稳定的地盘，被曹操追赶得连个落脚的地方都没有。诸葛亮接受刘备的委托，前往东吴，在柴桑（今江西省九江市）见到了孙权。

10 他用激将法打消了孙权犹豫不决的念头，批驳了东吴主和派的苟安言论，舌战群儒，促成抗曹联合阵线的形成。

11 他协助周瑜，在赤壁之战中，火攻曹军水师，奠定鼎足三分的基础。

12 后人在通俗小说和戏曲中，把诸葛亮在赤壁之战中“借东风”“草船借箭”的故事描绘得有声有色，虽不免有些夸张，却也反映出诸葛亮卓越的军事才能。

13 在诸葛亮的辅佐下，刘备先后占领了江南四郡，并大举西进，于公元 211 年进军成都。公元 221 年刘备称帝，建立蜀汉，诸葛亮任丞相。

14 刘备只当了三年皇帝，就在讨伐东吴的战争接连失利后，忧愤而亡。临终前对诸葛亮说：“你的才能胜过曹丕十倍，一定能成大事。刘禅如果可以成事，你就辅佐他；如果他不成器，你可以取而代之。”诸葛亮痛哭流涕地说：“我一定效忠后主，一直到死为止。”

15 刘备死后，诸葛亮肩上的担子更重了。他制定法令，开诚布公，赏罚分明，发展蜀汉的经济。

16 公元 225 年，诸葛亮率领蜀军南征，七擒七纵，终于感动了少数民族首领孟获，安定了云南各民族。这就是“五月渡泸，深入不毛”的故事。

17 解除后顾之忧后，诸葛亮把战略重点转向北面，开始了持续八年的北伐战争。

18 但由于蜀汉的人力、物力不能与中原抗衡，与孙吴的联盟又不巩固，而曹魏兵多将广，粮草充足，统率魏军的司马懿足智多谋，善于用兵，所以，诸葛亮虽六出祁山，几次打到关中平原，但每次都由于后勤供应困难，无功而返。

19 诸葛亮壮志未酬，却积劳成疾。

20 有一次司马懿问蜀军使者：“诸葛亮每天睡多少觉？吃多少饭？办多少事？”使者说：“诸葛公起早贪黑，一天要审阅二十多个案卷，只吃很少一点饭。”司马懿说：“诸葛亮食少而事繁，他还能活多久呢！”

21　公元 234 年，诸葛亮果然死在五丈原（今陕西省岐山县），年仅 54 岁。

22“三顾频烦天下计，两朝开济老臣心。出师未捷身先死，长使英雄泪满襟。”杜甫《蜀相》这几句诗概括了诸葛亮“鞠躬尽瘁，死而后已”的一生。

忠

敬事无违之道

ZHONG JINGSHI WUWEI ZHI DAO

颜杲卿宁死不屈

1 唐玄宗时，拥有重兵的三镇节度使安禄山伙同部将史思明发动叛乱，史称“安史之乱”。他们纵兵烧杀抢掠，给百姓及社会造成巨大灾难。

2 安史倒行逆施，激起了人民的强烈反抗和英勇斗争，而率先起事的是颜杲卿。颜杲卿时任常山（今河北正定一带）太守。常山郡原是安禄山管辖的地方，颜杲卿的太守职务也是安禄山向朝廷推荐任命的，但是颜杲卿一身正气，并没有向安禄山卑躬屈膝。

3 在叛军经过常山郡时，颜杲卿韬光养晦，保存实力，亲自和长史袁履谦出城假意迎接。

4 安禄山为了表示对他们的信任，赐给颜杲卿紫袍，赐给袁履谦绯袍，还让自己的养子李钦凑率领七千人驻扎在附近的井陉口。

5　安禄山走后，颜杲卿指着安禄山赐给的袍服对袁履谦说：“咱们穿这种东西做什么？”二人相视而笑，脱下来扔掉了。

6　于是颜杲卿开始组织力量抗击叛贼。佯装他自己有病，暗中却派儿子颜泉明与附近郡县联络。

7 这时，他的堂弟平原郡太守颜真卿也派外甥卢逖来联系，相约起兵截断安禄山的归路。

8 经过一番筹划，这一天，颜杲卿假传安禄山的命令，让李钦凑率众来常山接受犒赏。李钦凑率众来到常山时，正值黄昏，颜杲卿故意说夜间不能开城门，让军队驻扎在城外。

9　叛军安营扎寨后，颜杲卿派袁履谦等人带着酒食，领着一班乐工和歌伎舞女到营中“慰劳”。李钦凑不知是计，与部下开怀畅饮，直喝得酩酊大醉。

10　袁履谦乘机上前，一刀砍下李钦凑的脑袋，同去的人把李钦凑的部将也全杀了，同时解除了李钦凑所率士兵的武装。

11 半夜，袁履谦拎着李钦凑的人头来见颜杲卿，二人高兴得热泪盈眶。

12 不久，颜杲卿又设计擒拿了安禄山的将领高邈和何千年，并瓦解了他们的队伍。于是，河北十七郡群起响应，共同抗击叛军。

13 颜杲卿率领部下修筑城墙，聚集粮食，准备与叛军血战到底。

14 正在南下的安禄山听说后方有变，忙派史思明率军回头围攻常山郡。颜杲卿率领将士顽强抵抗，但终因寡不敌众，在坚持了六天之后，城池失守。

15 叛军攻入城中，大肆杀戮，并将颜杲卿俘获。叛将对颜杲卿软硬兼施，逼他投降，但颜杲卿宁死不屈，闭口不言。

16 叛将把刀放在他小儿子颜季明的脖子上，威胁颜杲卿说：“你如果投降，就留你儿子一命；不然的话，就宰了这小崽子！”颜杲卿仍然不说一句话。

17 叛贼于是杀害了他的儿子颜季明，把颜杲卿和他的家眷押往洛阳。

18 到了洛阳，安禄山责问颜杲卿：“我当初上表给朝廷，你才当上官，后来又当上太守。我有什么对不住你的，你为什么要反叛我？”

19 颜杲卿义愤填膺，指着安禄山骂道："虽然你推荐了我，但我是大唐的臣子，岂能与叛贼同流合污！你本是个牧羊奴，后来朝廷重用你，让你担任三镇节度使；朝廷有什么对不住你的，你却忘恩负义，反叛朝廷！你这条狗，要杀就快杀吧！"

20 安禄山气得暴跳如雷，命令士兵将颜杲卿押上街头，绑在桥柱上，颜杲卿骂不绝口，于是叛贼残忍地割去他的舌头。

21　安禄山凶狠地问："看你还能骂人吗？"鲜血从颜杲卿的口中不停地流出来，但他仍然用含糊不清的声音咒骂安禄山。凶残的安禄山就命令刽子手把颜杲卿一刀一刀地割死了，接着又杀害了他的幼子颜诞、侄子颜诩及袁履谦。

22　颜杲卿精忠报国，为正义而献身，所以能青史留美名，浩气驻人间。

忠

敬事无违之道

ZHONG JINGSHI WUWEI ZHI DAO

于谦忠勇守京城

1“千锤万凿出深山，烈火焚烧若等闲。粉骨碎身浑不怕，要留清白在人间。”这首脍炙人口的《石灰吟》，出自我国明代名臣于谦之手。在这首饱含凛然正气的诗作中，人们能够看到诗作者为国为民，视死如归的磊落襟怀和崇高人格。

2 于谦因为睿智忠勇，政绩卓著，年轻时就从地方选调京城，任兵部左侍郎。

3 当时，蒙古瓦剌部太师也先屡次率兵南犯，侵掠山西、大同等地，当朝皇帝明英宗听信了宦官王振的主张，仓促应战，亲自率领 20 万明军远道出征。

4 由于缺乏准备，指挥失误，明军与瓦剌部一接触就全线溃败。在退守土木堡一战中，全军覆灭，高高在上的一朝皇帝也被俘，成为阶下囚。

5 消息很快传到京城，朝廷一片恐慌。皇太后急忙在朝中大殿召集众大臣们商议对策。

6 首先是一个叫徐埕的大臣扯着嗓子发言了，他说：“皇帝被俘，群龙无首，京城临近蒙古，位居险地，危在旦夕。我朝应该迁都南京，在那里建立一个巩固的大后方，等待时机，再北上讨伐蒙古……”

7 话音未落，一个人从座中站起，大声斥责道："对于这种怯战逃跑，提议迁都的卑鄙小人，必须格杀勿论！"这个人正是于谦。

8 满朝文武鸦雀无声，等着听他的下文。他义正词严地说道："京城是一个国家的根本，放弃了京师就会人心涣散，宋朝偏安半壁的惨痛教训还不值得借鉴吗？此时万不可有丝毫的退却之念，应该加强京城的防御，誓死保卫我们的国都！"

9 他慷慨激昂的抗战主张，得到在座许多大臣的赞许，也影响了犹豫不定的皇太后。

10 最后皇太后决定不迁京都，由英宗弟弟出马，保卫京城。

11 于谦受命于危难之际，立即从各地调集兵马来京，筹备粮草，修造兵器，加固城防。

12 再说那瓦剌太师也先早已对京城垂涎三尺，便乘着胜势将英宗作为人质，挟持着英宗攻破了紫荆关，长驱南下，直逼京师。

13 当时京城的守军只有20多万，其中有许多老弱不堪者。由于交通不便，地方增援的部队还在赶来的路上，情况万分危急。有的将领畏敌情绪严重，不敢出城迎敌，提出了闭门拒守的主张。

14 于谦分析道：“我们面临的是一种敌强我弱的态势，如果闭门死守，便会在敌人面前暴露了自己的虚实，只能大长敌人志气，削减我们拒敌的斗志，我们必须用计策反击敌人。”

15　于是他便排阵布兵，在德胜门外事先将一部分兵力埋伏在城外无人居住的民房里，然后派小股部队诱敌深入。

16　也先哪知是计，见有明军出现，就一路呼喊着杀了过来。忽然一声炮响，伏兵四起，直杀得也先的人人仰马翻，抱头鼠窜，也先的两个弟弟先后丧命。

17 也先在德胜门失利后，便调拨人马转而猛攻西直门和彰义门。明军的抵抗十分顽强，伤亡也比较惨重，眼看就要失守了。

18 于谦下令动员京师的市民参战。大批的市民蜂拥赶到那里，杀声震天，他们登上房顶掀砖揭瓦，掷向敌人。

19 敌人顾此失彼，东窜西逃，最后只好扔下大批尸首狼狈而去，回到塞外。

20 时隔不久，也先只好将英宗送回京城。

21 在于谦的指挥下，京师保卫战获得胜利，明王朝转危为安。于谦以他的忠贞大勇守住了京城，捍卫了明朝江山社稷，成为一位令人敬仰的杰出英雄人物。

22 于谦死后，人们把他的祠墓建在杭州西子湖畔，让他长眠在南宋精忠报国英雄岳飞身边，以寄托人们的敬仰和缅怀。

忠

敬事无违之道

ZHONG JINGSHI WUWEI ZHI DAO

祖逖北伐收国土

1 祖逖是东晋初年的爱国名将，“闻鸡起舞”的故事说的就是他和朋友刘琨闻鸡鸣声早起舞剑习武的故事。他是一位忠心报国的英雄。为了收复北方失地，率兵出生入死，身经百战，留下了很多可歌可泣的故事。

2 西晋末年，朝政极端腐败。西晋八个藩王因争权夺利而发生了“八王之乱”，折腾了十几年，国力耗尽。

3 这时北方的匈奴贵族刘聪和羯族人石勒乘机起兵反晋，很快攻陷了洛阳和长安，先后俘虏并杀害晋怀帝和晋愍帝，西晋王朝从此灭亡。

4 西晋的一些遗老遗少们只好过江逃往建康（今南京），偏安半壁，建立了东晋小朝廷。

5 避难来到江南的祖逖寝不安席，食不甘味，一想到北方中原大好河山遭到异族人的蹂躏，就焦虑重重，时时刻刻想着有朝一日能够重新收复失地。

6 当时祖逖任军咨祭酒，他招募士兵，进行操练，做北伐匈奴收复国土的准备。

7 他给司马睿写信道："皇室内乱，导致外族人乘机入侵，我中原大好河山变为失地，应尽早拯救百姓于危难之中。"

8 司马睿本来没有北伐的决心，但迫于朝野的呼声，就姑且任命祖逖为奋威将军兼豫州刺史，但只拨了一千人的给养和三千匹布给他，让他自己去招兵。祖逖只好在族中挑选了百余人，再加上原来招募的勇士，组成了一支队伍。

9 出征这一天，在长江的南岸，许多人都前来送行，气氛肃杀壮观。面对着滚滚东去的长江水，祖逖敲着船桨发誓道：“我如不肃清中原之敌，誓不再过长江！”

10 渡江到了淮阴后，他就起炉炼铁，铸造武器。又招募了两千多人，然后继续向北进发。

11 祖逖到了中原后，依靠当地的武装力量，取得了几个小胜利，初步站稳了脚跟。

12 不久，石勒命石虎率领五万大军渡黄河攻打祖逖，结果被祖逖击败。

13 第二年，祖逖派部将韩潜攻打被敌人占领的一个叫蓬陂的小城，占据了城东，而敌人仍然据守城西，一直相持了 40 多天。

14 祖逖担心敌人欺我方粮少，坚城拒守。接着，他派一千多人用布袋装上土，看上去像米袋一样，运上东城。

15 又派几个人运送一些真米袋，故意伪装成疲惫不堪的样子，在半路上歇脚。敌人见状大喜，派兵来劫粮。这时敌军已严重缺粮，看见晋军粮食充足，因而军心动摇，不久就弃城逃跑了。

16 在一次战斗中，祖逖缴获了一匹骏马。这匹马浑身雪白，没有一根杂毛，日行千里，善解人意。祖逖非常喜欢它，每次行军作战总是骑上这匹白马。

17　祖逖礼贤下士。一个名叫李头的部将从前线凯旋，正好看见祖逖的坐骑，两只眼睛盯在骏马身上，久久不能离去，可又不敢开口。

18　祖逖看出了他的心思，他让李头骑上骏马驰骋了一会儿，祖逖问："喜欢这匹马吗？"李头说："真是一匹千里马，太好了。"祖逖说："那就送给你吧！"

19 祖逖生活节俭，命子弟参加耕耘，但对部下以及遍布中原的豪杰都以礼相待，有功必赏，所以敌人有什么动静，就有人向祖逖递送情报。

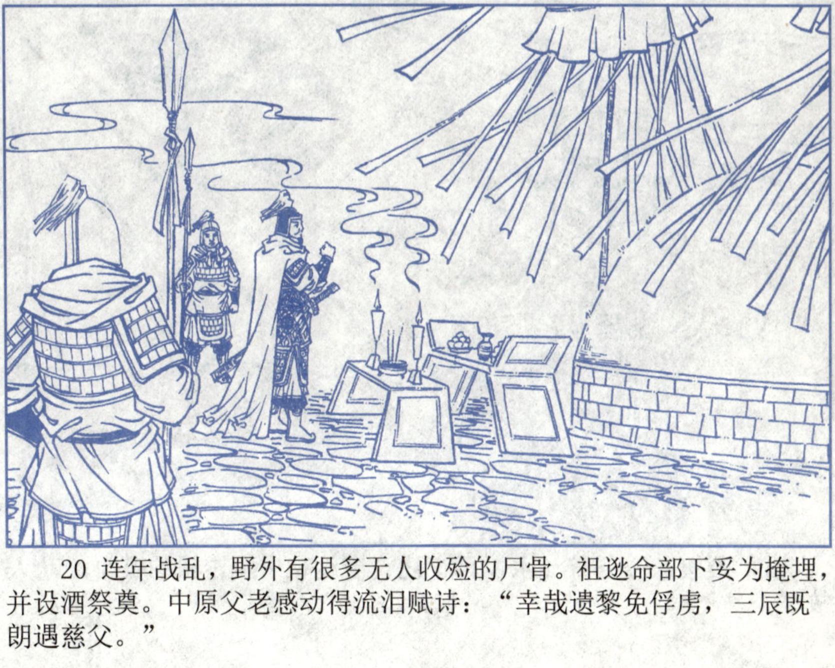

20 连年战乱，野外有很多无人收殓的尸骨。祖逖命部下妥为掩埋，并设酒祭奠。中原父老感动得流泪赋诗：“幸哉遗黎免俘虏，三辰既朗遇慈父。”

21　正当祖逖准备渡过黄河北伐的时候，朝廷听信谗言，派了一个亲信来监视他。从此，祖逖忧郁成疾，壮志未酬身先死，死时年仅56岁。

22　滚滚东去的长江水，日夜述说着这位中流击楫的英雄的动人故事。

忠

敬事无违之道

ZHONG JINGSHI WUWEI ZHI DAO

陈化成血染吴淞

1 陈化成是福建同安县人，出身行伍世家，曾任金门镇总督、福建水师提督。1840 年，鸦片战争爆发，他被调任江南提督，负责江浙一带防务。

2 当时陈化成已经年过六十，经过长途跋涉到了任上，不顾疲劳，迅速赶到吴淞口，投入紧张的备战之中。

3 他亲自勘察地形，指挥修整炮台，建成沿海的三十八堡。他还派人到湖北采购钢铁，用来铸造大炮，加强防御力量。

4 他身先士卒，以身作则，与战士同吃同住，加紧对士兵的操练。经过他的努力，部队战斗力很快增强，斗志旺盛。

5 1841年10月，英军攻破定海，葛云飞等三位总兵浴血奋战，壮烈殉国。消息传来，陈化成无比悲痛，老泪纵横。他对部下说："为了国家战死疆场，死也值得。大家要以定海将士为榜样，为国家英勇战斗！"

6 1842年5月，江浙省防重镇乍浦又被攻陷。陈化成集合队伍誓师，他慷慨激昂地说："我50年炮火中出生入死，为国家而死，虽死犹荣！我们都不怕死，何愁敌寇不灭？"誓言铿锵有力，全体将士无不深受感动，表示誓死守卫吴淞口。

7 6月9日，三艘英国军舰开到吴淞口，目的是打探清军的虚实。

8 陈化成洞悉敌人的用意，未予理睬。可是他知道，激烈的战斗就要开始了！当时吴淞口有东西两个炮台，陈化成精心布防，明确任务，并亲自日夜守卫在炮台上。

9 13日，敌人增援部队赶到，兵力超过了陈化成的守军。这时贪生怕死的两江总督牛鉴急忙赶到军营，无耻地提出要犒劳英军，以此避免战祸。

10 陈化成气愤极了，义正词严地说：“本人奉命剿贼，有进无退！”牛鉴只好灰溜溜地走了。陈化成命令部下严阵以待，随时准备应战。

11 16日，英国侵略者的七艘战舰、六艘汽船、数十艘运输船驶进吴淞口，向陈化成据守的西炮台发动猛烈攻击。顿时炮声震天，硝烟弥漫。

12 英军企图依仗洋枪洋炮一举摧垮中国守军。陈化成巍然挺立在高处，手执红旗指挥发炮还击。虽然阵地上弹片横飞，但他全然不顾，经过一阵激烈的战斗，击沉击伤敌人船舰八艘。

13 躲在后方的两江总督牛鉴听说获胜，带着仪仗队前来观战。敌人用望远镜观察到，一阵炮击，吓得牛鉴弃冠丢靴，混在士兵中逃走了。

14 牛鉴的逃跑，动摇了整个军心。这时敌人从小沙背登陆，包围了西炮台。陈化成扼守的西炮台成了孤军。

15 陈化成目睹牛鉴的逃跑行径，怒火中烧，呐喊着指挥发炮射击。由于长时间发射，大炮炮身烧得发红，灼热烫手，陈化成对此全然不顾，亲自装药点火。

16 清政府所制大炮质量低劣，射程短，威力小，英军乘势猛烈攻击。部将周世荣吓昏了头，劝陈化成下令撤退，陈化成对他痛加训斥，并坚定地表示：“我要以死报效国家！”贪生怕死的周世荣乘机逃走了。

17 陈化成继续操炮发射，炮身震动得他手裂出血，他也不觉得疼痛。突然一颗炮弹在身旁爆炸，陈化成遍体鳞伤，血染战袍，倒在了地上。

18 敌人蜂拥而至，陈化成的卫兵奋起挥刀迎敌，但是都不幸中弹阵亡。

19 老将军陈化成突然怒吼一声，从血泊中挺身站起，挥剑向前冲了几步，但又一颗子弹飞来，射中了他的胸口。他口吐鲜血，壮烈牺牲。

20 66岁的老将陈化成，为捍卫祖国的领土和民族的尊严流尽了最后一滴血，谱写了一曲爱国主义的壮歌。

21 当陈化成出殡时，吴淞口和上海各界人士上万人都来致哀，拦道痛哭。后来，人们在当地城隍庙里立起他的塑像，罢市公祭，悼念这位为国捐躯的英雄。

22 司马迁说过：“人固有一死，或重于泰山，或轻于鸿毛。”陈化成忠于祖国，为民族大义而死，可谓死得其所，重于泰山。

忠

敬事无违之道

ZHONG JINGSHI WUWEI ZHI DAO

舆榇西征的左宗棠

1 玉门关外傲然挺立在朔风中的“左公柳”，昭告人们不要忘记19 世纪 70 年代进军新疆、保卫国土的壮举，不要忘记率军西征的爱国将领左宗棠。

2 1864 年我国西北边陲帕夏阿古柏勾结英、俄帝国主义势力，煽动少数民族武装叛乱，割据新疆，打出“独立”的旗号，妄图建立一个听命于帝国主义势力的“国家”。

3 左宗棠荡平了陕西、青海、甘肃等地的叛乱后，继续追击叛军首领白彦虎。白彦虎流窜到新疆后，与阿古柏沆瀣一气，进行分裂祖国的罪恶活动。左宗棠于 1875 年开始了艰苦卓绝的西征。

4 清朝政府内部发生了尖锐的政策分歧。以李鸿章为代表的一派，主张全力加强海防，放弃新疆，停止西征。他们认为，自从乾隆年间平定新疆，每年要耗费数额巨大的军饷，是个填不满的无底洞。他们甚至建议答应英国的要求。

5 左宗棠慷慨陈词，力排众议，坚决主张西征，捍卫祖国边疆。他说：“国家领土一旦割弃，听任其独立，将遗患无穷。”

6 当时的军机大臣文祥赞成左宗棠的意见，光绪皇帝也想要有所作为，于是决定出塞西征，任命左宗棠为钦差大臣，全面主持西征军务。

7 左宗棠率领湘军西征。他们远离山清水秀的故乡，在荒山大漠间跋涉战斗。左宗棠每到一地，总要亲手栽几株柳树，鼓励部下也沿途栽下许多柳树。

8 他精选年轻体壮的士卒充当作战部队，让老弱病伤士卒就地屯垦。他们把湖南的水稻种植技术也带到了新疆。

9 湖南人喜欢吃鳝鱼，他们运到天山南北的鳝鱼，有不少居然适应了西北的水土，存活了下来。

10 左宗棠的先头部队于1876年越过天山，攻占乌鲁木齐和玛纳斯。叛军头目白彦虎狼狈逃到托克逊。西征首战告捷。

11 左宗棠在新疆看到维吾尔族广大人民不喜欢叛乱，他们被少数头目煽动胁迫，跟着做了错事，人心厌战，于是号令全军：大军所至，不许奸淫妇女，不许抢掠财物，不许滥杀无辜。这样，维吾尔族群众逐渐消除了疑虑。

12 1877 年，清军攻克达坂城，俘虏了一批维吾尔人。左宗棠下令全部释放。据守吐鲁番的一万多维吾尔族群众，在左宗棠诚意感召下纷纷投降。

13 阿古柏见大势已去，服毒自杀了。他的儿子胡里逃到喀什噶尔，与白彦虎会合，继续作乱。

14 左宗棠乘胜追击败寇，迅速占领了其盘踞的南疆八城，伯克·胡里和白彦虎逃到俄罗斯境内。

15 左宗堂建议清政府在新疆设立行省，并与俄国谈判归还伊犁、遣返叛乱头目等问题。清廷派崇厚使俄，他竟糊里糊涂地答应了沙俄提出的通商、分界、赔款三项条件，引起国人公愤。

16 左宗棠看破了沙俄“包藏祸心”，准备在战场上与沙俄一决胜负。1880 年，68 岁的左宗棠命士兵驾车拉着一具棺材，亲率四万大军浩浩荡荡开赴边境。

17 沙俄当时忙于应付俄土战争，虽然一面增兵伊犁，一面派舰游弋渤海，但慑于左宗棠的军威，不得不同意归还伊犁，与曾纪泽重新订约，结束了中俄之间的这场危机。

18 左宗棠的一生，最辉煌的就是收复六分之一的国土，他对祖国无限忠诚的品格，正是我们国家和民族需要的民族品格。

忠

敬事无违之道

ZHONG JINGSHI WUWEI ZHI DAO

竭诚尽忠的『飞将军』

1“秦时明月汉时关，万里长征人未还。但使龙城飞将在，不教胡马度阴山。”唐代诗人王昌龄的一首《出塞》诗，缅怀、赞颂了一生保卫祖国边疆的汉代名将李广。李广出身于将门，精于骑射，以英勇善战而威震边疆，北方匈奴称他为“汉之飞将军”。

2 汉景帝时，李广任上郡太守。有一次李广率领一百多骑兵在旷远的大漠上追击匈奴射雕的能手，回来途中，看到远处黄尘蔽空，原来是一支欲来侵犯的匈奴骑兵，大约有几千人。

3 匈奴也发现了李广他们，士兵都十分惊恐。有人说：“我们策马赶快往回跑吧！”在这千钧一发之际，李广果敢地说道：“不，如果我们策马而逃，敌人就会穷追不舍，很快将我们射杀殆尽。如果我们停下来不走，敌人会以为我们是诱兵，就不敢对我们轻举妄动。”

4 李广命令道：“前进！”他们前进到距匈奴军二里处停下来。李广又命令：“全体下马解鞍，躺在地上。”这一切，匈奴军看得惊呆了。

5 匈奴军因不知虚实，不敢贸然攻击。这样一直僵持到半夜，最后匈奴人怕有汉军埋伏在旁，便悄悄地撤了回去。

6 汉武帝时，李广升任将军。有一次，他率军在雁门关一带遇到了大股敌人。和敌人一接触上，李广就率军与敌人奋力厮杀，但因敌人兵多势众，李广战败被俘。

7 当时李广有伤病在身，匈奴人为了抓他回去请功，便用两匹马并行，中间挂着一张网，让李广躺在上面。李广佯装已死，寻找脱身的时机。

8 这时李广开始眯起眼睛观察。他见旁边恰好有个匈奴兵骑着一匹好马，便飞身跃起，跳上了那匹马，将匈奴兵推了下去，并乘势夺下了他的弓箭，向南飞驰。

9　匈奴人派了几百名骑兵追赶。李广一面策马飞跑，一面回身挽弓射箭，接连射杀了几个追敌，最终摆脱了敌人的追赶，回到了汉地。

10　一次，他率领四千骑兵与兵力十倍于自己的匈奴人在大漠中相遇。敌人很快将他们包围住。面对四万名虎视眈眈的匈奴骑兵，汉军皆惶恐不安。

11　李广为了安顿军心，让自己的儿子李敢率几十名骑兵，杀出敌人的包围又杀回来，告诉李广说：“匈奴兵是容易对付的。”这样军心才渐渐安定下来。

12　李广泰然自若地指挥着官兵列成圆形阵势，面朝外，手持兵器与敌人搏斗。厮杀了许久，汉军死伤过半，许多人已经战得筋疲力尽了，个别士兵吓得面色灰白，犹如死人一般。

13 可李广仍然斗志昂扬，指挥自若，极大地感染了部下，从此人们十分佩服李广的坚毅勇敢。

14 李广有一次出征因失去向导而在沙漠中迷了路，没有准时到达指定地点，自料卫青不会轻易放过自己，于是拔刀自刎而死。

15 李广平时廉洁，爱护士兵，深受将士爱戴。人们听到这一消息，不论是否认识李广，都流下了伤心的泪。

16 李广一生与匈奴战斗 70 余次，对防止匈奴南下侵犯，维护汉朝社会的安定，立下了汗马功劳。他世代受到人们的敬仰。司马迁用“桃李不言，下自成蹊”来赞颂这位能征善战而沉默寡言的忠实名将。

忠

敬事无违之道

ZHONG JINGSHI WUWEI ZHI DAO

关天培虎门殉国

1 在鸦片战争中，曾涌现出一批大义凛然的爱国英雄，关天培就是他们其中的一位杰出代表人物。

2 关天培是江苏山阳（今淮安）人，行伍出身。1834 年，他升任广东水师提督。当时英国商船经常出入中国领海，走私鸦片，在军事上也企图入侵中国。

3 关天培赴任后感到形势的危急，加紧勘察地形，认为保住广州首先要守住虎门。他于是在虎门改建并增设炮台，添置了 40 门大炮。

4 他根据实战的需要，加紧操练水师部队，并且详细研究攻守策略，绘制各炮台的形势位置图和水师的攻守策应图，让将士们学习，熟记在心。

5 他对士兵严加训练。一次实弹演习时，一门大炮一声巨响，炮管炸裂，炮手受伤，其他士兵畏缩不前。当时关天培就在旁边，镇定自若地屹立在硝烟中，于是士兵振奋精神，继续训练。

6 经过关天培的不懈努力，广东水师具有了很强的战斗力，特别是虎门要塞已成为非常坚固的防御阵地。

7 林则徐在虎门销毁英国走私的鸦片后，英军不断制造事端，企图对中国发动军事侵略。

8 在这种形势下，关天培加紧海上巡逻。一天，关天培正率战船在穿鼻洋巡逻时，突然遭到英舰的炮击，关天培立即下令还击，并持刀挺立在桅杆前指挥。

9 一颗炮弹飞来，擦落桅杆上一大块木片，木片击伤了关天培的手背，鲜血直流，但他仍然伫立不动，继续指挥战斗。

10 经过两个小时的激战，英舰受到重创，帆斜旗落，仓皇逃走。这次海战，大大增长了中国人民的志气。中国军民都盛赞关天培的英勇精神，清政府也嘉奖他“奋勇直前，身先士卒”。

11 关天培在林则徐支持下，又先后抗击了英国侵略者的六次进攻，给了侵略者应有的惩罚，使他们不敢再靠岸停泊，只能远远地漂泊在外洋上。中国人民把关天培比作明代抗倭名将戚继光。

12 可是，后来形势急转直下，主战派林则徐被撤职，来了个投降派琦善任两广总督。琦善一上任，就下令裁减水师兵船，遣散从民间招募的水兵，拆除江底暗桩。

13 关天培多年经营的防御措施遭到严重破坏，他心中又是着急又是愤恨。他曾多次请求重建海防，增兵虎门，但都遭到琦善的拒绝。

14 1841 年 2 月，英舰大举进攻虎门。关天培派人向广州求援，可是琦善竟然不发一兵一卒。关天培深知已身处绝境，毅然变卖了衣物，将换来的钱发给士兵做安家费，以此鼓舞士兵的斗志。

15 他又把自己的几颗坠齿和一绺头发用旧衣包好，放入箱底，派人送回家乡，以示与亲人诀别，誓要与敌人血战到底。

16 25日，关天培来到靖远炮台，亲自坐镇指挥。英军集中火力向靖远炮台猛烈轰击。关天培连续作战，加上年事已高，早已非常疲惫。但这时人员伤亡惨重，他便亲自参加战斗，亲手点燃八千斤重的巨炮，向敌舰轰击。

17 敌舰有的被击沉，有的被击伤；登岸的敌兵全部被消灭，尸体狼藉，布满阵前。到了下午，炮台上的八门大炮因过热而炸裂，另一些大炮又因受雨水侵蚀而不能用，火力大受影响，英军乘势蜂拥攻上炮台。

18 关天培率领士卒同侵略者展开了最后的肉搏战。他挥动腰刀猛砍敌人，脚下躺满了侵略者的尸体。他身受数十处创伤，鲜血和汗水浸透了战袍，但仍然一面指挥战斗，一面同敌人拼杀。

19 忽然，敌人一发炮弹袭来，关天培不幸中弹，最后伤重力竭，为国殉难。战后，部下寻到了他的尸体，他的全身已被炮火烧焦，身下的土地一片殷红。

20 关天培以身殉国，表现了中华民族优秀儿女忠于祖国、不畏强暴、视死如归的英雄气概。在关天培殉难的虎门，人们修建了关忠节公祠，纪念这位英勇不屈的爱国将领。

忠

敬事无违之道

ZHONG JINGSHI WUWEI ZHI DAO

林则徐虎门销烟

1　耸立在北京天安门广场的人民英雄纪念碑上，镌刻着近百年来代表中国人民伟大革命斗争历程的十幅汉白玉浮雕，第一幅就是 1839 年虎门销烟的庄严场面。

2　虎门销烟的领导者，就是中国近代杰出的政治家和民族英雄——林则徐。

3 19世纪前期，西方资本主义迅速发展，开始了疯狂的殖民掠夺，中国从一开始就是西方殖民主义者眼中所要掠夺的一块肥肉。

4 他们或派使臣来要求开放通商口岸，或派军舰来到沿海进行侵扰，都没有成功。后来，他们发现了特殊的商品——鸦片。

5 鸦片的源源流入，不仅损害了几百万人的健康，而且严重地破坏了中国的工商业，造成大量白银外流，人民日益贫困，清政府的国防和财政也出现了严重危机。

6 面对西方殖民者的鸦片侵略，深受其害的人民群众强烈要求禁烟，统治阶级中的有识之士也强烈呼吁严禁鸦片。

7 他们的代表人物就是湖广总督林则徐。林则徐在许多地方做过地方官，为官清正，人称“林青天”。他对鸦片的泛滥深恶痛绝。他任湖广总督时，就开始在湖南、湖北禁烟，受到广大人民的支持。

8 他曾上书请朝廷禁烟，认为“此祸不除，十年之后，不惟无可筹之饷，且无可用之兵”。道光皇帝召他进京，商议禁烟事宜，并命他为钦差大臣，前往广东查禁鸦片。

9 临行前，他向师友表示："祸福死生，早已置之度外。"

10 当时广州是外国侵略者走私鸦片的中心，也是人民群众反对鸦片输入最激烈的地方。1838 年 3 月，林则徐到达广州后，看到当地人民群众正在协助政府调查装载鸦片的船只和鸦片贩子的姓名。

11 人民群众的禁烟热情使林则徐深受鼓舞，他表示：“若鸦片一日未绝，本大臣一日不回，誓与此事相始终，断无中止之理！”

12 林则徐发出布告，宣布严厉禁烟，收缴鸦片、烟具，限期戒烟，勒令烟贩三日内交出全部鸦片，鼓励人们告发贩卖和吸食鸦片者。接着，林则徐传讯十三行洋商，命外国鸦片贩子限期缴烟，并具结保证今后永不夹带鸦片。

13　英国殖民主义者企图阻挠和破坏这场禁烟运动。英国代表、驻华商务监督查理·义律一面命令珠江口装载鸦片的船只撤走，另一方面策划大鸦片贩子逃跑。

14　广州人民得知消息，立即包围商馆，防止鸦片贩子逃跑。

15 林则徐下令停止中英贸易，封锁英国商馆，切断商馆与外界联系，派遣水师严密监视外国船只行动，并一再迫令英国商人交出全部鸦片。

16 在强大压力下，义律不得不通知英国商人将鸦片全部交出。英、美、印度商人交出的鸦片，共计两万多箱，约值白银八百万两。

17 6月3日这一天，林则徐在虎门亲自主持销烟。他指挥民工和兵丁将卤水倒入事先挖好的大坑中，然后倒入鸦片，浓烟冲天，鸦片化为渣滓，成千上万来观看的人一片欢呼。经过22天，林则徐才把缴获的鸦片全部销毁。这就是举世闻名的“虎门销烟”。

18 林则徐领导的虎门销烟壮举震惊中外，显示了中国人民不甘屈辱的民族气节和反对侵略的坚强意志。虎门销烟后，林则徐加紧训练水师，增置大炮，并亲自视察海防。

19 1840 年 6 月，英国舰队侵入中国海域，遭到中国严阵以待的士兵的顽强反抗。

20 英军见势转而攻占天津入海口。清政府慌作一团。

21　投降派乘机攻击林则徐，林则徐被道光皇帝革职，发配到新疆伊犁。

22　林则徐领导的震惊中外的虎门销烟，维护了民族尊严和主权。他不愧为中国近代史上第一位民族英雄。

忠

敬事无违之道

ZHONG JINGSHI WUWEI ZHI DAO

负王投海的陆秀夫

1 南海的惊涛骇浪日夜不息地拍击着珠江三角洲西南侧的山，向人们述说着南宋忠臣陆秀夫负王投海的悲壮故事。

2 陆秀夫是盐城（今属江苏省建湖县）人，3岁随父亲迁镇江居住。他自幼聪明勤奋，受到当地著名的孟先生的熏陶，满怀忠义，谈吐不凡。

3 公元 1260 年，陆秀夫考中进士。他深得当时镇守淮南的地方官李庭芝的器重，被征召为幕僚。

4 陆秀夫才思清丽，性情沉静，在官场饮宴、宾主交欢的时候，他总是独自一人端坐不语，不肯和其他官僚相互吹捧，拉拉扯扯。

5 但是，由他承担的工作总是完成得很出色，所以李庭芝把他调到自己身边掌管机要事情。

6 1275 年，蒙古军进攻淮东。李庭芝身边的幕僚大多逃走，只有陆秀夫等人临危不乱，抗击元兵。李庭芝见陆秀夫这样忠诚可靠，就推荐他到临安，任南宋朝廷的司农寺丞，又升任宗正少卿兼权起居舍人，在皇帝身边效力。

7 这时，元兵直逼临安，南宋朝廷处在风雨飘摇之中。陆秀夫被任为礼部侍郎，派去与元军谈判。由于元军已决心灭掉宋朝，故未能达成和约。

8 陆秀夫返回临安时，二王已逃往温州，他只好南下追上二王的銮驾。陆秀夫派人紧急召陈宜中、张世杰等将领前来保驾，共同尊立赵昰为端宗皇帝。陆秀夫任端明殿学士，主持枢密院工作。

9 南宋小朝廷在福州没待多久，就被元军撵到广东珠江口一带。有一次端宗皇帝在井澳（今澳门一带）地区遇上台风，吓出一场病，不久就死去了。

10 群臣一看皇帝没了，都想散去。陆秀夫说：“古代有人凭一旅完成中兴大业的。现在百官俱在，军队还有好几万人，如果天不绝宋，还可以恢复宋朝江山。”于是，群臣拥立卫王赵昺为帝。陆秀夫任左丞相，与另一位爱国将领张世杰共同辅佐卫王。

11　元军攻占广州后，向南宋朝廷据守的崖山发动攻击。张世杰把一千多艘船舶用铁索连接成水上防御阵地，退守崖山。

12　元军统帅张弘范占领了入海通道，断绝了宋军的水源。士兵吃干粮十多天，口渴急了，舀取海水喝，又吐又泻，丧失了战斗力。1279年，元军攻陷崖山。张世杰乘船遇台风，溺死于平章山下。

13　卫王的文臣武将或战死或逃亡，已所剩无几。陆秀夫日夜随卫王乘舟在海上漂泊。他一面指挥前线军队作战，一面又筹集粮饷调动工役。

14　在颠沛流离中，陆秀夫每天都要凭自己的记忆写下一段《大学章句》，向卫王进行讲解。他诵读到《大学》引证的《诗》云“邦畿千里，惟民所止”时，想到今日宋朝江山只剩这块弹丸之地，君臣不得不栖身南海，不由得泪下沾襟，泣不成声。但他仍然向这位不成器的卫王宣讲“君子必慎其独”的道理。

15 自从临安失陷以后，陆秀夫先后拥立两位君王。为了使后人了解这一段历史，他在海上夜以继日地撰写二王实录。完成这部著作后，他请来礼部侍郎邓光荐，语重心长地说：“你一定要活下去，把这份手稿传给世人。”邓光荐答应了他。

16 元军攻破崖山后，到处搜捕宋朝君臣。陆秀夫自知无力回天，光复宋朝江山已不可能，但绝不能让卫王落入元军之手。于是陆秀夫召集妻儿全家在卫王面前盟誓：生为宋朝人，死为宋朝鬼。

17　君臣整理好衣冠，一步一步向浩渺无际的南海走去。陆秀夫背起卫王赵昺，继续向大海的深处迈去。雷电如狂涛陪伴陆秀夫走完了人生的最后途程，死时年仅 44 岁。

18　陆秀夫受命于危难之时，忠贞不渝、负王投海。他的努力虽未能匡正大厦将倾的南宋王朝，但其忠心报国的事迹一直为后世传颂。

忠

敬事无违之道

ZHONG JINGSHI WUWEI ZHI DAO

精忠报国的岳飞

1“青山有幸埋忠骨，白铁无辜铸佞臣。”在杭州西湖畔岳王庙游览的海内外观光客人，无不为岳飞精忠报国的精神而感慨唏嘘。

2 1103年，岳飞出生在汤阴县一个农家。还没满月，遇上黄河决口，母亲姚氏抱着小岳飞坐在水缸里，漂到岸边，从此他一直在不安定的环境中生活、成长。

3 岳飞年轻时拜著名武林高手周同为师，学习射箭，有神力，能挽三百斤硬弓；同时又爱好《左氏春秋》和《孙子兵法》，是一位智勇双全的将才。

4 岳飞 1122 年投军。相传岳母在其背刺“精忠报国”四字，成为岳飞抗金信念。岳飞与大举南侵的金兵作战，以一个下级军官的身份屡建战功，得到抗金名将宗泽的赏识，认为岳飞的“勇智才艺，古良将不能过”。

5 但是，由于岳飞力主收复中原，上书建议宋高宗“亲率六军北渡”，被朝廷以“越职”罪撤职。

6 岳飞只得到抗金前线去投奔河北招讨使张所。在战斗中岳飞挥舞军旗勇敢前进，占领了新乡。

7 在太行山中，他单骑持丈八铁枪，刺杀金将黑风大王。在汜水关，他一箭射死金兵主将，大破金兵。

8 岳飞又第二次效力于宗泽帐下。不久宗泽死了，杜充接替了宗泽。杜充打算放弃中原，渡过长江去安营扎寨，岳飞力谏，不从。后来，金国四太子兀术率众渡长江，杜充竟投降了金人。

9　岳飞在极为艰苦的条件下屡创金兵，先后在常州、镇江、清水亭等地，打击金兀术的嚣张气焰。兀术率主力杀奔建康（今南京）而来，岳飞在牛头山埋伏精兵，以逸待劳。

10　夜里，岳飞命令一百名士卒穿黑衣服混入金营，大喊：“宋兵来了！”金兵大乱，自相攻杀。岳飞率主力发动总攻，打得兀术落荒而逃，宋军乘胜收复建康。

11 1134年，岳飞任荆南、鄂、岳州制置使，岳飞上书建议攻取襄阳六郡作为恢复中原的基地，又被授以黄、复州（今皖、鄂、湘三省地区）、汉阳、德安府制置使。

12 岳飞乘船渡长江，对部下发誓：“我若不能擒贼，绝不渡这条江！”

13 在襄阳，岳飞一举击败勾结伪齐政权的李成，又进兵邓州，直捣中原。伪齐政权头目刘豫是金国重臣粘罕的心腹，而和兀术不合。

14 一次，岳飞部下捉住一名金国间谍，岳飞抓住机会，实行反间计，对金国间谍说：“你不就是我军的张斌吗？我派你约定诱杀四太子（兀术），可你一去不回，你背叛了我，太不应该了。”金国间谍怕死，就假装有这回事。

15 于是岳飞写了一封信，用蜡封好，藏在间谍的大腿皮肉中，放了间谍。间谍回去报告了兀术，于是废了刘豫，岳飞从而实现孤立金人的计谋。

16 岳飞还联络了北方爱国志士，准备共同驱逐金人，光复中原。

17 金兀术见岳飞锐不可当，企图集中兵力，会战郾城。他训练了一支精锐骑兵，马上披着厚厚的铠甲，每三匹马用皮条连在一起，号称“拐子马”。这次出动“拐子马”达一万五千匹。

18 岳飞命令步卒用麻绳把刀结扎在长杆上，不抬头看，只砍马蹄子。一匹马倒下，另两匹马因连在一起也不能冲锋陷阵。经过一番血战，终于大破“拐子马”。

19　宋军进抵朱仙镇，距汴京仅 45 里。金军士气动摇，许多将领准备投降、起义。

20　岳飞对部下说："直抵黄龙府（今吉林省农安县），与诸君痛饮！"

21 岳飞战场上的胜利，威胁到宰相秦桧议和的计划，宋高宗赵构也不愿看到徽、钦二帝复位，宋将张俊等嫉妒岳飞每战必胜，谏议大夫万俟卨为报私仇，诬告岳飞谋反。

22 就这样，1142 年秦桧以“莫须有”的罪名害死岳飞，死时年仅 39 岁。 但人民永远怀念这位精忠报国的爱国将军，于是建立岳王庙，画岳飞像。他的精神激励着无数爱国志士前仆后继，抵御外侮。

忠

敬事无违之道

ZHONG JINGSHI WUWEI ZHI DAO

抗倭名将戚继光

1“封侯非我意，但愿海波平。”明代著名抗倭将领戚继光的诗句表明了自己誓要荡平海寇、保国安民的耿耿忠心。

2 1528年戚继光出生在山东蓬莱。出身于将门的戚继光，自小喜欢做军事游戏，勤练武功，立志长大要做一个文武兼备的统兵大将。

3 当时正是倭患猖獗的时候，他横戈马上，转战南北海疆，解除了明代中叶最大的外患。

4 倭，是古代日本名称。倭寇，就是日本海盗。自元末开始倭寇就已出现，经常骚扰中国海疆。明朝政府曾一度有效地打击了倭寇的气焰，但明中叶以后由于朝政日渐腐败、武备松弛，倭寇便长驱直入，洗劫乡村，攻打城市。

5 戚继光 17 岁时继承父职，做了登州卫指挥佥事，不久又被提升为都指挥佥事，负责防御倭寇事宜。

6 他上任后加紧训练士兵，严明军纪，修筑防御工事，使倭寇闻风丧胆，不敢再来侵犯。当时江浙沿海是倭患最严重的地方，江浙吏民死于倭寇之手的不下数十万人。

7 鉴于戚继光抗倭有功，朝廷把他调任浙江都司佥事，并担任参将一职，镇守宁波、绍兴、台州三郡。

8 他上任不久，一股八百多人的倭寇窜到龙山所（慈溪县境）劫掠。当时明军十倍于倭寇，但倭寇根本不把明军放在眼里，三个倭酋（首领）各带一支人马向明军扑来。

9 明军见倭寇如见虎，纷纷退缩。戚继光见明军如此懦弱，非常气愤。他飞身跳到一块巨石上，连发三箭，三个倭酋应声仆地而死。

10 倭寇顿时大乱，明军乘势集结反攻，大获全胜。

11 戚继光深感旧军成分复杂，素质太差，于是解散了旧军。他在矿工和农民中招募了三千人组成新军，加以严格训练。几个月后，这支新军纪律严明，精通战法，作战勇敢，被人们称为戚家军。

12 有一次，大股倭寇在台州登陆。戚继光迅速率军迎敌，在离台州不远的花街与倭寇摆开阵势，出阵挑战。

13 戚继光为了激励将士，就脱掉自己的银铠甲，大声宣布：“谁能打败这个倭将，我就把这身银铠甲奖赏给他！”

14 话音未落，一名小校挺身而出，手持长枪冲过去，几个回合就把那倭将挑翻在地。

15 倭寇见死了一员将领，就一窝蜂似的向戚家军冲来。戚继光镇定指挥，戚家军个个奋勇争先。不到半个时辰，倭寇支撑不住，纷纷败退下去，戚家军乘势掩杀过去。

16 倭寇把抢来的金银珠宝撒落地上，企图诱惑戚家军停止追击，但纪律严明的戚家军对这些金银珠宝不屑一顾，紧追倭寇不舍。

17 倭寇不是死就是伤，只剩一小股逃回海上。

18 历经七年，戚家军在平定倭寇的战斗中逐渐发展到一万多人，倭寇再也不敢在浙江沿海骚扰了。但他们贼心不死，开始将矛头指向福建沿海，于是戚继光又奉命率军前往福建剿寇。

19 倭寇的老巢在福建宁德县东北的横屿岛上，距岸十里。中间是浅滩，涨潮时一片汪泽，落潮时一片泥淖。倭寇侵占横屿岛已达百年，在岛上筑有坚固的防御工事，凭借天然的险要地势，傲视明军。

20 戚继光经过观察，趁退潮时让士兵携带柴草铺路。戚继光在海岸边的一块礁石上擂鼓助威，戚家军乘势攻向横屿岛。

21 战士们一登上横屿，立即向敌人发起猛攻，喊杀声压过涛声，在大陆岸边都可以听到。不到半天的时间，就摧毁了倭寇的防御工事，消灭了倭寇两千六百多人。

22 后来戚继光又挥师南下，和另一名抗倭名将俞大猷把进犯广东的倭寇肃清。从此，为害三百多年的倭患被基本平定。

23 戚继光的一生，正如他诗中写的那样：“南北驱驰报主情，江花边月笑平生。一年三百六十日，多是横戈马上行。”

24 他驰骋东南沿海各省，历经八十多次战斗，在剿灭倭寇的战斗中做出了卓越的贡献。中国人民将永远纪念这位伟大的民族英雄！

忠

敬事无违之道

ZHONG JINGSHI WUWEI ZHI DAO

秦良玉万里赴沙场

1 明朝末期，曾出现一位貌秀艺高的女英雄，她就是四川忠州的苗族女子秦良玉。

2 秦良玉的父亲秦葵，是位富有爱国思想的人。他喜欢谈论军事，注重培养孩子们的文韬武略。因此，秦良玉从小就受到父亲忠君爱国思想的熏陶，并且同哥哥和弟弟一起随父学习经史，研读兵法，操练武功。

3 年轻时的秦良玉，已是弓马娴熟，文武兼备，显露出非凡的才能。父亲很喜欢她，对亲友说：“遗憾的是良玉不是男儿，她的兄弟都赶不上她。”可是后来的事实却出乎父亲的预料，秦良玉竟成为率领千军万马的巾帼英雄。

4 秦良玉到了出嫁的年龄，她不顾苗族姑娘出嫁的传统束缚，嫁给了汉族人马千乘。马千乘担任石砫（今重庆市石柱县）宣抚使，是统兵的将领。两人感情深厚，形影不离。

5 秦良玉勉励丈夫："现在天下多事，石砫又位于楚、黔交界之处，不能不加强设防。男儿应当为国立功。"马千乘很敬重秦良玉，治军用兵的事都同她商议。马千乘每次出征，秦良玉都与丈夫同行，并肩作战，并屡立战功。

6 后来，马千乘被人诬陷，冤死于狱中。

7 不久，冤案得以昭雪，朝廷命令秦良玉接替丈夫职务，统领部众。秦良玉化悲痛为力量，卸去裙钗，着上戎装，走上了为国家南征北战的道路，成为威震敌胆的女将军。

8 当时，我国东北地区的女真族力量日益强大。1621 年，努尔哈赤率军向明朝辽东守军发动大规模进攻，逼近沈阳。

9 明朝廷急忙征调全国各地的军队增援辽东守军。秦良玉接到出征命令后，立即派哥哥秦邦屏和弟弟秦民屏率领一部分兵马先行，自己统率主力三千人随后出发。

10 这时，在辽东战场上，先行到达的其他明军还没来得及休息就投入了战斗，虽经拼死搏斗，终因寡不敌众，纷纷向浑河退守。

11 就在这紧要关头，秦氏兄弟与周敦吉率领的军队赶到，虽然人数不多，但是毅然抢渡浑河，在桥北扎下营寨。

12 未等立住脚跟，后金军队就满山遍野地掩杀过来。战斗异常激烈，双方伤亡惨重，秦邦屏战死，秦民屏身负重伤。

13 这时秦良玉率领的人马赶到，秦良玉立即命令一部分人马守住浑河大桥，以便各路明军撤退，自己率领其余人马迅速冲入敌阵。

14 她凭着娴熟的武艺，在敌军中反复冲杀，所向无敌。敌军受到重创，指挥失灵，彼此不能相顾，只好仓皇逃走。经过这一场浴血奋战，避免了明军全线崩溃的厄运。

15 驻守到冬天，由于朝廷的军饷接济不上，不少士兵还没有穿上棉衣。秦良玉慷慨解囊，拿出自己的钱财为士兵赶制了一千五百套棉衣。

16 待战事平静，秦良玉奉命率军回到四川。

17 1629年，后金军队越过长城，再次向明朝大举进攻，并很快逼近京都。城中一片惊慌。崇祯皇帝一方面组织现有军队加强防守，另一方面下令全国各地军队火速赴京勤王。

18 这时秦良玉已年过半百，得到命令，立即与侄儿秦翼明率本部人马日夜兼程北上。

19 这时，明军主帅阵亡，明军退守京都近郊，无力再战。在此紧要关头，秦良玉率军赶到，没有休息，立即向围城的敌人冲杀过去。先到的几路明军见秦良玉部队的将士无所畏惧、英勇杀敌的情景，深受感动，也都挥戈投入战斗。

20 后金军队被杀得人仰马翻，节节败退。明军迅速收复了永平、遵化等四城，解除了后金军队对京城的威胁。

21 崇祯皇帝在宫中接见秦良玉，赞扬她的爱国精神，向她赐酒以示慰劳，还赋诗相赠，“凭将箕帚扫匈奴，一派欢声动地呼。试看他年麟阁上，丹青先画美人图。”“蜀锦征袍自剪成，桃花马上请长缨。世间多少奇男子，谁肯沙场万里行！”

22 秦良玉卫国抗敌的英勇事迹，鼓舞着千万个女子投身到民族解放的斗争中。她也是中国历史上唯一在正史留名的巾帼英雄。

编后记

以《中华文圣——孔子》为代表的中华优秀儒学传统文化中的精华“诚”“信”“忠”“孝”“仁”“和”“礼”“义”“恕”“廉”“智”“行”的系列故事共13册大型原创手绘连环画丛书，是我前后历经17年业余时间搜集、阅读、整理、编写的成果。在2019年8月，这套共13册的大型原创手绘连环画丛书，终于由东方出版社出版，完整地呈现在读者面前。我17年的煎熬，虽苦犹乐，甚感欣慰。

出版这套大型原创手绘连环画丛书，是我多年的热切追求和梦想。正所谓“路曼曼其修远兮，吾将上下而求索”！几十年来，在我日常生活或社会交往中，在车站、机场、码头或其他公众场所，常见到“无尊长、无敬畏、无廉耻、无忠孝、无礼让、无诚信”等道德缺乏、行为失范的社会现象，引起了我的深刻思考：难道历经数千年的中华民族优秀传统文化在当今就没有用了吗？然而，纵观世界先进国家的发展历史，我深切地感受到：一个具有优秀素养的民族，乃国家强盛的根基；尤其是在社会不断开放，科技飞速发展，传播手段多样，各种文化现象、思想相互碰撞冲击的今天，弘扬传承中华民族优秀的传统文化，尤显迫切和重要，仍具有重要的现实意义。

编辑出版中华民族人文修养经典故事丛书，愿中华民族优秀传统文化的人文核心价值，在国家发展的历史进程中，重塑“引领风尚、促进和谐”的精神文明，让全社会进一步树立扬善去恶、明辨荣辱的观念，构建“助人为乐、以和为贵”的良好人际关系。让优秀的传统文化如春风、似春雨，滋润更多人心，让千年文明之光照耀中华大地。

“明理须读书，立德先修身。”我苦心孤诣策划出版这套大型原创手绘传统连环画丛书，意在用通俗易懂的方法和以事感人、以理服人的大众传播方式，弘扬传承中华民族的优秀文化。本丛书用许多故事来反复印证主题——“读书百遍，其义自见”，试图对广大青少年和社会大众在加强修养、提升个人素质方面起到潜移默化的作用，以中华民族优秀传统文化的伟大力量，去激发中华儿女昂然崛起的生命冲动，实现中华民族的伟大复兴！

如是，则民族幸甚，国家幸甚，天下幸甚！

由于学识有限，加之该文化工程面宽量大，难免有疏漏错误之处。主观上想扬弃和倡导的东西，客观上未必尽能如愿，希望读者朋友评点是非，明勘谬误，求其正范。

“中华民族人文修养经典故事”丛书
李彗生
2019年5月